白鳳仏ミステリー

武蔵国分寺と渡来人

「ジンダイジ城」とは何だったのか？

津田慎一

TSUDA Shinichi

文芸社

はじめに

「放出ってなんだろう?」

「ほうしゅつ」のことではない。駅名である。隣駅は「鴫野」。

ＪＲ奈良駅で、いつもガイドをして頂いている浜口さんを待ちながら、路線の料金表を見て興味を覚えた。隣駅が「鴫野駅」。意味は掴めそうだが音読できないのである。とにかく、この関西地区では関西弁で言う「けったいな」駅名が多い。でもこれらの駅名の意味するところが、深く古代やその後の歴史と関わっていることが多いのも事実である。(現在はインターネットで調べればすぐわかるが、一応記しておくと、放出＝はなてん、鴫野＝しぎの)

結構、このような地名から妄想(?)が生まれることも多い、というのが前作を書かせて頂いた時の学習結果でもある。要は「名は体を表す」なのであろう。漢字を持つ国民として、過去の人々からのメッセージのような気もする。

例えば、京都で旧三井家下鴨別邸を訪れた際に、近くで「方丈」という案内板を見かけた。この《方》は四辺形や四角形を意味するという。同時に《丈》をインターネットで検索すると、「（中国や日本で）三メートル程度の長さ」を表す単位とある。即ち、『方丈記』を書いた鴨長明は、三メートル四方の（多分）書斎で書き物をしていたのだろう……との妄想が走った。

また、上野公園で「鳥居」をまじまじと見つめている外国人女性がいたので、「あれは何かご存じですか？」と尋ねてみた。すると、若い彼女は「トリイ」と答えた。「意味は？」と尋ねると、首を振ったので、とっさに「漢字では鳥が居る」と書くと説明をしながら、ああそうか、電線のない古代には、吉兆や神のメッセージを伝えると言われる《鳥》が止まっていたんだ。「ん？　止まり木だ!?」と思いついた。調べると、「鳥居」の起源は「天照大御神が天の岩戸にお隠れになった際に、八百万の神々が鶏を鳴せましたが、このとき鶏が止まった木」（神社本庁）とも言われているとのこと。真偽は定かではないが、何となく自分で納得していた。

また、本書執筆中に東京国立博物館で『出雲と大和』特別展を訪れたのだが、展示品の中で、《荒神谷》で発掘された数百本にのぼる銅剣や銅鐸が展示されていた。筆者には、この《荒神谷》は「こうじんだに」と読むのではなく、「あらぶる・かみ・の・たに」と読むべきだと思えた。特に、出雲についての知識もなかったが、館内のショップで出雲に関する本を見ると、「あらぶるかみ」の「須佐之男命《すさのおのみこと》」と出ていた。まさに、この人物のことではないか？　と意を強くした。真実は不明だが、この須佐之男命もしくは、これに象徴されるような出雲の有力者が祀られる谷ではないか、と想像を逞しくした。「こうじんだに」と読んでしまうと、必ずしも漢字表記の意味が見えてこない気がするのだ。

とにかく前著でも、漢字は歴史を読み解く上で重要な情報であったが、それが原因で悩まされたこともあった。その経験を踏まえて、歴史は考えていかなければならないという自戒も含め、少々長いが漢字の読みに関して述べさせて頂いた。

前置きが長くなったが、実は、武蔵南部に住んだ古代の渡来人、とりわけ奈良時代の朝廷で大出世を遂げた、渡来人後裔の「高麗朝臣福信《こまのあそんふくしん》」に興味を持った。偶然にも、昨年秋に家内に誘われて訪れた東京国立博物館で見つけた彼の名前（正倉院文書に署名）から出発した（なお、この高麗福信と同じ福信がいる。「鬼室福信《きしつ》」であるが、彼は百済の人で、白村江の戦いにもつながる人物）。いくつかの古書店で見つけた資料にも彼の名を見出すことができた。いくたびかの政権争いを切り抜け昇りつめた、福信の出世物語やその人生については、これらの正倉院文書を基に一章を設けて少し説明したい。

ご承知の方も多いと思うが、《高麗》は、「狛」や「巨摩」などの音を当てた表記がいくつも存在する。

『日本書紀』の欽明三一（五七〇）年には、高句麗人が《越の国》に漂着し、これを聞いた天皇が喜び、館を建てることを命じたという記述もある。この記事については、後に述べる森浩二先生の著作では、「京都南山城の相楽郡に建てられた。これは狛氏のいた木津川市であったと考えてよい」とのことである。

当時は、日本海や対馬海峡を渡って自由に往来していたのであろう。恐らく現在と違ってそれほど国境など意識することなく、近くの半島を経て、大陸から高度な航海技術と造船技術を持った人々が渡来、物質的かつ文化的交流があったと考えるべきであろう。ちなみに、天智天皇（在位、六六八年〜六七一年）が皇太子の時（六六三年）に船団を組んで臨んだ「白村江の戦い」でも、新羅や唐の鉄で覆われた巨大船に完敗したらしい。これから見ても、七〜八世紀にはすでに国際的交流があり、現代より遥かにグローバルな交流があったと考えても不思議はない。

筆者の住む調布市にも狛氏の痕跡と思われる地名や人名が残されている。例えば、後はど述べる古刹深大寺を訪れると、境内の通路の脇にある石でできた手摺（？）に寄進をされた方々の名前が刻まれているが、そのいくつかに《高麗》姓の名が見られる。ただし、三鷹市の方などもおられ、必ずしもすべてが調布市ではない。日本生まれの渡来人後裔の〝高麗福信〟が、武蔵守（長官に相当）として調布市の北、府中や三鷹、国分寺で活躍し、後述する国分寺の建立など当時の聖武天皇の覚えめでたかったであろう事績を残しているので、この手摺の名前の数も頷けるところである。

閑話休題、もう一つ。

少し昔になるが同じ境内で《隠田《おんでん》》という姓をお持ちの方がおられることを知った。本稿を書いている最中に、「天平宝字三（七五九）年の暮十二月、武蔵国で隠田《かくしだ》九百町歩が巡察使に勧検《かんけん》され、闇で私《ひそ》かに田畑を取り上げられ、罰を受けたことでしょう」という記載が、後述する『渡来人・高麗福信』に載っているのを見つけた。真偽や境内にある方のご先祖との関連は全く不明であるが、興味を持つ記載であった

のでここで取り上げてみた。

さて、調布市内には古来、《柏《かしわ》の里》と呼ばれていた地域があった。現代の地図などでは確認できないが、郷土史家の作られた古地図『多摩の歴史をさぐる』の地図を参考として八五頁に示す。筆者の見るところ、《狛→柏》の変化のようでもある。この地は、渡来の一族がいたようだし、「狛江入道」、さらには「虎狛神社」まである（ここで『武蔵名勝図会』に示された佐須の項を一三七頁の付録に掲載する。これに、柏→狛について記載されている）。詳細は後に述べるが、虎狛神社は平安時代以前から存在していた（『延喜式神名帳』に記載されている）。よく考えると、この時代の日本に《虎》はいなかったはずであるし（秀吉の朝鮮出兵時の虎の話が有名であるが）、もう一つの字はまさに《狛》である。

以上のように、福信の活躍を調べていると、筆者の地元での《狛氏》の痕跡は避けて通れない。

またこれとは別に、奈良で活躍を始めたことも知られている（当時、奈良に上った福信

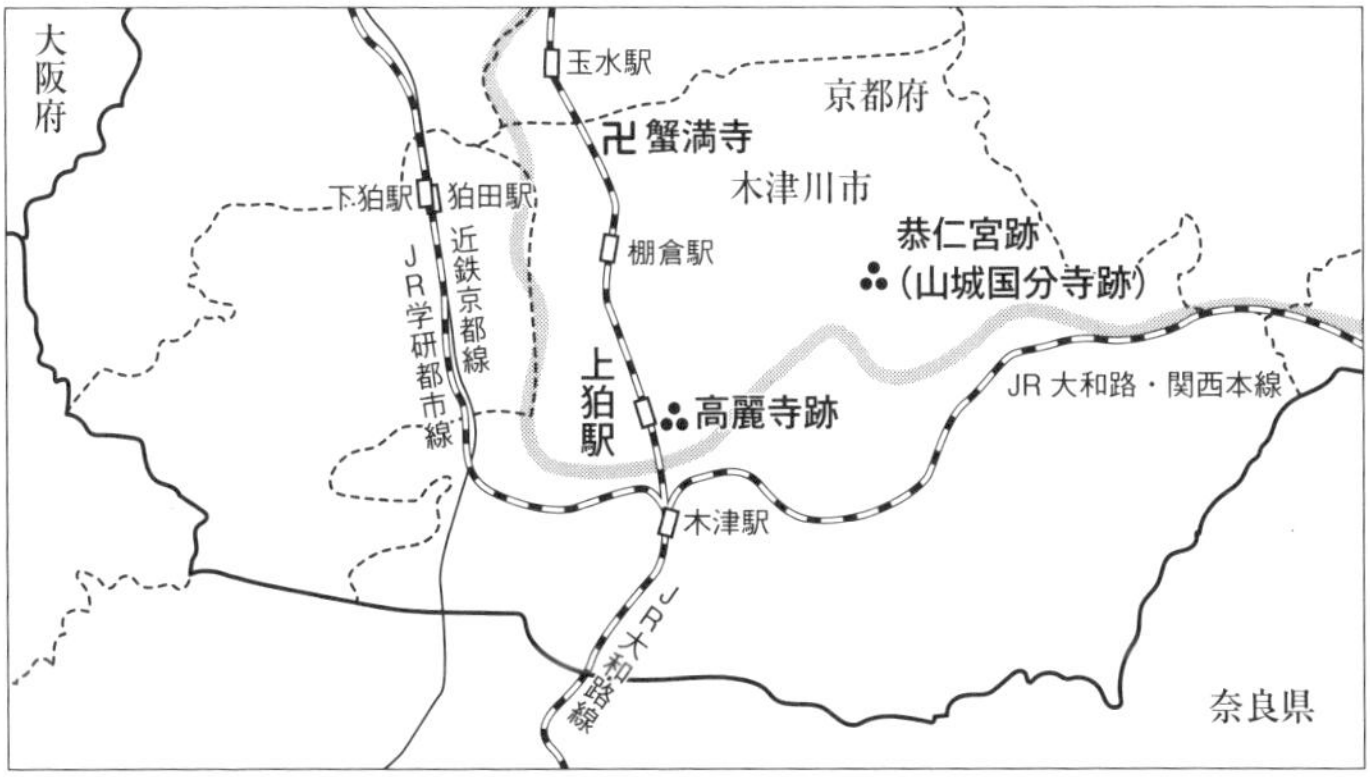

は相撲が強く、これで認められて天皇の警護役に抜擢され、日本における出世階段を足早に昇りつめた）。これも法隆寺の正倉院にさらに情報があるかもしれない、という思いで毎度おなじみの深夜バスで新宿を発ち、早朝、京都に着いた。昨年一一月中旬である。京都駅からすぐにＪＲ奈良線に乗り換え、一時間ほど乗って、奈良まであと数駅というところで「カミ・コマ」という車内アナウンスが聞こえてきた。「コマ」という音に引かれて車内の電光表示板を見ると、まさに《上狛》となっている。すぐにスマホのマップにアクセスすると、現在地のすぐ横に「高麗寺跡」と表記されていた。

　これが年末に一度、年が明けてすぐにもう一度、「南山城《みなみやましろ》」（京都府）を訪れるきっかけになった。後に詳しく述べるが、まさに頭の中で新たな展開がスタートしたのだった。こういう風に事が起きていくと、幸運にも偶然が重なっているように思えるが、所詮、人の日常は偶然の積み重ねであるし不思議ではないと思う（もし日常が必然の重なりであるとすると、予測通りに毎日は進行するわけで、人生はつまらないものであるに違いない。予測不能こそが日常であろう）。とにかく、その後、南山城という新たな地平が見えてきて、これまで二回、現地の郷土資料館や図書館にお世話になることになった。三人しかいない専門家の皆さんは、日常の業務に追われながらも本当に親切に親身になってサポートしてくださった。現在、発掘が急速に進められている飛鳥時代以降の驚くほどの遺跡や立派な寺院跡（後ほど発掘状況などを紹介する）、さらには数多くの寺院建設に欠かせぬ瓦や燃料である木材の蓄積場など、規模の大きな組織的活動の跡が見えてきているのだった（正直、発掘調査結果にその評価が追いつかないという印象であった）。

まだ遺跡巡りのための設備や交通標識も整備されていないため、油断すると道が分からなくなることもあったが（地元で訊いてもほとんど知らない人が多かった）、出会う古代の遺物や遺跡は驚くばかりの数であった。ここで出会った白鳳仏が、筆者の地元の古刹にある白鳳仏の出自と足跡を知る上で貴重な、「目から鱗」の存在となった。

現在、木津川市付近の発掘作業は鋭意進められ、その成果が報告されつつある。ここは、まさに古代渡来人の文化が繰り広げられた地域である。研究者や地域の教育機関も、遺跡や当時の文化についての探求に力を入れ始めているところだと感じられた。

まず第一章では、朝鮮半島と当時の日本とのつながりを述べ、引き続いて南山城地域の史跡や寺院・仏像などの仏教文化も説明する。これにより、当時の奈良を中心とした日本への影響について概観する。

本書では前作の戦国時代よりもさらに一〇〇〇年近くも遡ることになる。従って、当時の歴史について述べる際に証拠立てて立証することが難しくなるのも事実であるが、これらの証拠立てが可能なものと推測の域を出ないものとが極力混在しないように、

①証拠立てできるもの
②推測で述べるもの（合理性は当然要求される）

を本文中では識別して記述するような配慮を心掛ける。

また、歴史的に見て具体的に述べるには憚られるものもある。この場合は、少し回りくどい表現になる場合もあるのでご容赦願いたい。

前作の発売後、地元の史跡の定説への挑戦であったこともあり、種々の反応が若干寄せられた。しかしどのような意見や思惑があるにせよ、真実は一つであり、これを直視していくことが歴史を探求する者の使命であると考える。力まず阿《おもね》らずに、真摯な姿勢で歴史を探求していきたい、という気持ちには変わりない。

本書もやはり地元の史跡や古社・古刹に大きく関わっている。もちろん慎重に筆を進め、明らかな間違いや思い違い、誤解などないように努めていくが、読者の方からのフィードバックは著者にとっては一番の贈り物である。読まれて、意見なり感想を持たれた方は是非ご連絡を頂けると有難い、との思いを申し添えておきます。

しかし、多国籍の人が往き交った時代、会話は、その言葉はどのようなものであったろう？　これは未だに筆者の素朴な疑問でもある。

さて、以下の章で、（得意になったかも？）古代（誇大？）妄想の始まりですが、筆者はもちろん、真剣勝負であることは間違いありませんので、念のため。

なお、本書を書くに当たって、京都府立山城郷土資料館の細川・伊藤両氏並びに館員の皆様に全面的にご協力頂いたことを感謝いたします。また奈良新薬師寺中田定観住職には、白鳳仏に関するご意見や資料の提供を頂いたことに深く感謝いたします。

最後に、前著の執筆時にも思ったのだが、納得するためにはやはり現地に赴いて現地の方の貴重なお話を聞くのが非常に重要である。本書に関する調査に当たっては、強力なサポートを頂いた「なら・観光ボランティアガイドの会」の浜口さんに、この場をお借りして謝意を表したい。いつも筆者の述べる未完成の怪しげな説に的確なアドバイスを頂いた。ことに後ほど述べる仏像に関する造詣には、筆者など足元にも及ばない豊富な知識を披露頂き、大きな間違いもなく推理を進められたことは誠に有難いことだった。

なお、筆者にはほとんど知識がなかったが、後に登場する南山城地域は京都の中では最も古い寺院建築が始まった場所とのことである。ここ四〇年弱で高麗寺跡などの発掘調査が進み、その報告書も逐次出されている。訪れてみて、一見して一四〇〇年ほど前に仏教文化の華やいだ地には中々見えないが、そのさらに古い時代から続いていた可能性もあり、今後ますます脚光を浴びるであろう古代遺跡である。その伽藍は見事なものであっただろう。五重塔もあったらしいが、筆者は最後に、武蔵国国分寺跡に七重塔があったことを知り、その後地面下に消えた過去とその遺跡にも改めて驚かされた。

なお、奈良時代とか白鳳時代（白鳳期とも）とか、政治的な年代区分と文化的な年代区分が混在するので多少困難があるかもしれないので、本書が対象とする年代における区分を次頁のように示した。

最後に、本書の主テーマではなかった《ジンダイジ城》については、前著で戦国時代（天文六年）に扇谷上杉氏が取り立てた古城ではないことを示したが、この深大寺の近隣にある〝城跡〟（古来『城山』と呼ばれている）についての解明は行わなかった。

しかし本書の執筆最終段階で、地域名を調べて「対馬」（長崎県）に行きつき、地元の教育委員会から教えて頂いた由来から、この定説《ジンダイジ城》についての新たな知見が得られた。これについては章を設けて述べさせて頂いた。これらを総合して、今回、南武蔵のある地域の古代からの姿と朝鮮半島からの文化の伝搬を詳細に解き明かすことができた。

歴史は調べていくと必ず新たな展開に出会う。これらは偶然から始まることも多い。従

		日　本		朝　鮮
300	古代	前期	古墳時代	馬韓　辰韓　弁韓
400		中期		高句麗　百済　新羅　伽耶
500		後期		
600			飛鳥	
			白凰	
700		奈良		統一新羅
800		平安		
900				
1000				高麗
1100				
1200	中世	鎌倉		
1300		南北朝		
1400		室町		朝鮮（李朝）
1500				
1600	近世	安土桃山		
1700		江戸		
1800				

来相互に関係はしないと思われていた事績や伝承が、見方を変えることによって新たな歴史の解釈につながっていくのだった。如何にデータを集めてこれらを分析し、推理を働かせることが重要であるかを再認識した。

もちろん歴史を語る時には多くの説が生まれてくるのも事実であるが、やはり従来語られてきた伝承などの情報も含め、矛盾なく、合理的に説明されなければ、歴史の探求には覚束ないことを再度知らされた半年間であった。

歴史を調べて語ることは、まさに推理そのものであり、一三〇〇年ほど前であっても、近年の研究などを基に、史実に迫っていくことが少なからず可能となってきていることを実感した数か月であった。何も歴史の専門家でなければ推理できない、というものでもなさそうである。

ともかく古代における渡来人の活躍とその輝きは、近年、大きな脚光を浴びつつあるが、彼らが古代の歴史においてメジャーなプレイヤーであったことは疑う余地のないことである。

令和二年　調布にて　津田慎一

白鳳仏ミステリー　武蔵国分寺と渡来人◆目次

第一章

朝鮮半島から（南）山城へ

——渡来人の定着

これから、六世紀から七世紀頃の朝鮮半島と日本との関係について大まかな解説をしておく。

朝鮮半島地図（仏教伝来の頃）

右に朝鮮半島の勢力図を示す。これから高麗氏《こま》を語る上で着目していくのは、高句麗である。なお、この高句麗については若干の注意が必要である。この本に登場する「高麗氏」または「狛氏」は高句麗系渡来人である。この場合の「高麗」は、中世の朝鮮半島を支配した高麗王朝（九一八年～一三九二年）ではなく、古代の高句麗王朝（紀元前一世紀後半～六六八年）を指している。『日本書紀』、欽明王朝三一（五七〇）年の条に「来日した高句麗の外交使節団が、山城国相楽《さがら》郡の館に滞在した」と書かれている（二五頁の南山城の地図参照）。外交使節が滞在したのだからそれなりの立派な施設もすでに存在していたのであろう。なお古代においては、倭国が高麗に遣高麗使も派遣している。仁賢天皇六（四九三）年九月に日鷹吉士《ひたかのきし》を高麗に派遣し、この時、巧手者《てひと》（手工業者）を求めたとされている。しかし、六世紀後半では高句麗からの遣使のみで、確実な遣高麗使派遣は斉明二（六五六）年まではなかった模様である。

以上のように、倭国の時代からその関係は密接であり、半島から海上交通を利用して、日本各地に人・物・文化が行き交ったのである。当時の自由な交流にはロマンを感じざるを得ない。古代には半島から日本列島へ伝来した、海流を利用する高度な航海技術と造船技術が存在したようである。

また仏教の公伝は五五二年と言われているが、これよりも以前の五二二年に渡来した大唐漢人《もろこしのあやひと》案部村主《くらつくりの》司馬達止《しばたつと》＊によって伝えられていたという指摘もある（『扶桑略記』継体天皇一六年）。

＊飛鳥時代の人物。氏姓は鞍部村主《くらつくりのすぐり》あるいは鞍師首《くらつくりのおびと》。子に鞍作多須奈《くらつくりのたすな》、孫に仏師・鞍作止利《とり》がいる。

その他、このような仏教公伝前は、秘伝仏教であったとも言われ、邸宅の一部に仏像を奉祀するような「草堂」的な仏教信仰がまず萌芽したと言われている（例えば『京都を学ぶ【南山城編】』一〇四頁）。筆者はこれを「公伝」に対して「口伝」と呼びたい気もする。

我が国最初の伽藍を整えた寺院としては、蘇我氏の氏寺である法興寺（飛鳥寺）が建立され、伽藍仏教の時代が到来する。それまでの古墳建造に代わって、寺院建築が主流となっていったことを示すらしい。また、仏教信仰を巡っては蘇我氏と物部氏の争いもあり、仏教が大和国を治める思想的な背景として根付き始める時期でもあった。

『日本書紀』推古三二（六二四）年の条には、当時、四六か所の寺院があったとある。文献と出土瓦から推定される飛鳥時代に創建された寺院は、大和飛鳥を中心に畿内で五〇前後が認められており、これは書紀の数字とほぼ一致する。

ここで、創建を六世紀末から七世紀初頭にまで遡る寺院が、相楽上狛の地で発掘されている高麗寺である。

これは先に述べた、京都から奈良への道中で見たスマホ・マップに現れたあの『高麗寺』そのものである。奈良へ到着後すぐにガイドの浜口さんに電話をして確かめ、昨年末の一二月二六日、事前に連絡しておいた「京都府立山城郷土資料館」を訪れて、発掘を担当された細川さんに詳細な話を伺った。ほんの一～二週間前には想定もしていなかった、巨大な寺院跡であることが分かり、現代の上狛の風景と照らし合わせても一種異様な、古代におけるこの地の歴史に驚きを感じざるを得なかった。

筆者が手にした高麗寺の報告書に描かれていた創建時の復元想定図（早川和子・画）には、まさに伽藍配置があり、現在の跡地を見ても想像もつかない仏教文化の展開である（筆者はこの段階まで、南山城という地名と、古代にスケールの大きな仏教の展開がこの地にあったことに無知で、不意を突かれた）。基壇の構造などは、まさに朝鮮半島からもたらされた工法（版築工法と呼ばれる）であるらしい。後刻訪れた武蔵国国分寺跡でも同じような工法・構造が見られる。九頁には上狛の位置を示す地図を掲載した。

さらに詳細な「南山城の当時の郡郷」を次頁上に示す（『ふるさと椿井の歴史』椿井区創設一〇〇年記念誌参考）。この地図中の大狛郷辺りが注目地域であり、さらに詳細が次頁下の「相楽郡の郷の配置」に示されている。いずれにせよ、知る人ぞ知る……古代に栄えたであろう地域なのである。

この高麗寺については、その創建について『日本霊異記』中巻の一八に、天平年中のこととして山背（かつては山城をこうとも書いた）国相楽郡の高麗寺の僧永常《えいじょう》のエピソードがあり、奈良時代には高麗寺という名称でこの寺が存在していたことが伝えられている。また、後世の現地の字名《あざな》として木津川市山城町上狛に「高麗寺」の地名も残っている。

筆者は思うのだが、寺はいつこの地から姿を消したのだろうか？　発掘を開始する以前から周辺では古代の瓦が散見されていたというが、こうも奇麗に表舞台から消えるものか……。

話は筆者の旅行記に戻るが、年明けにもう一度、この木津川市にお邪魔することとなった（この訪問については、また別に述べる）。

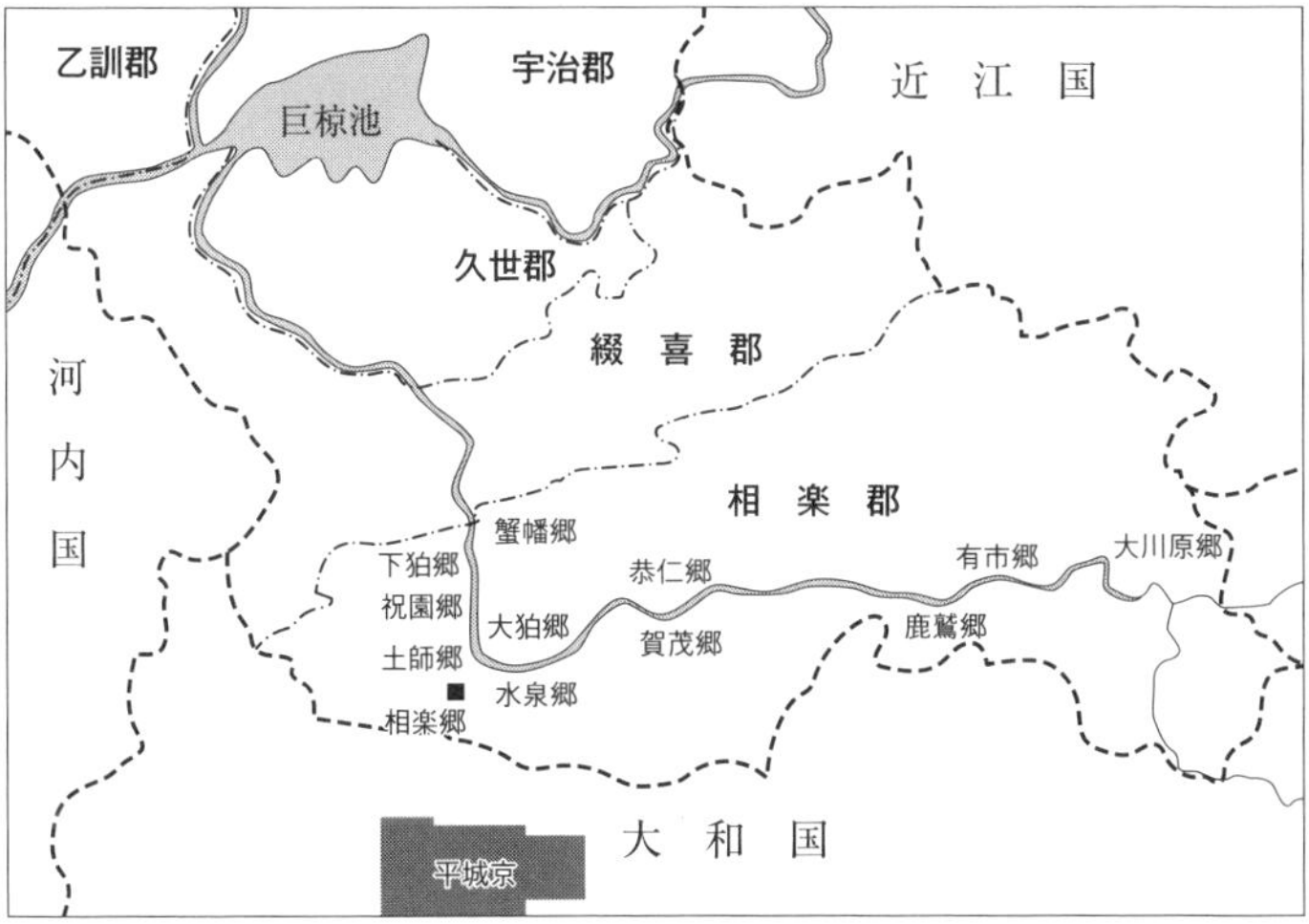

南山城の郡郷

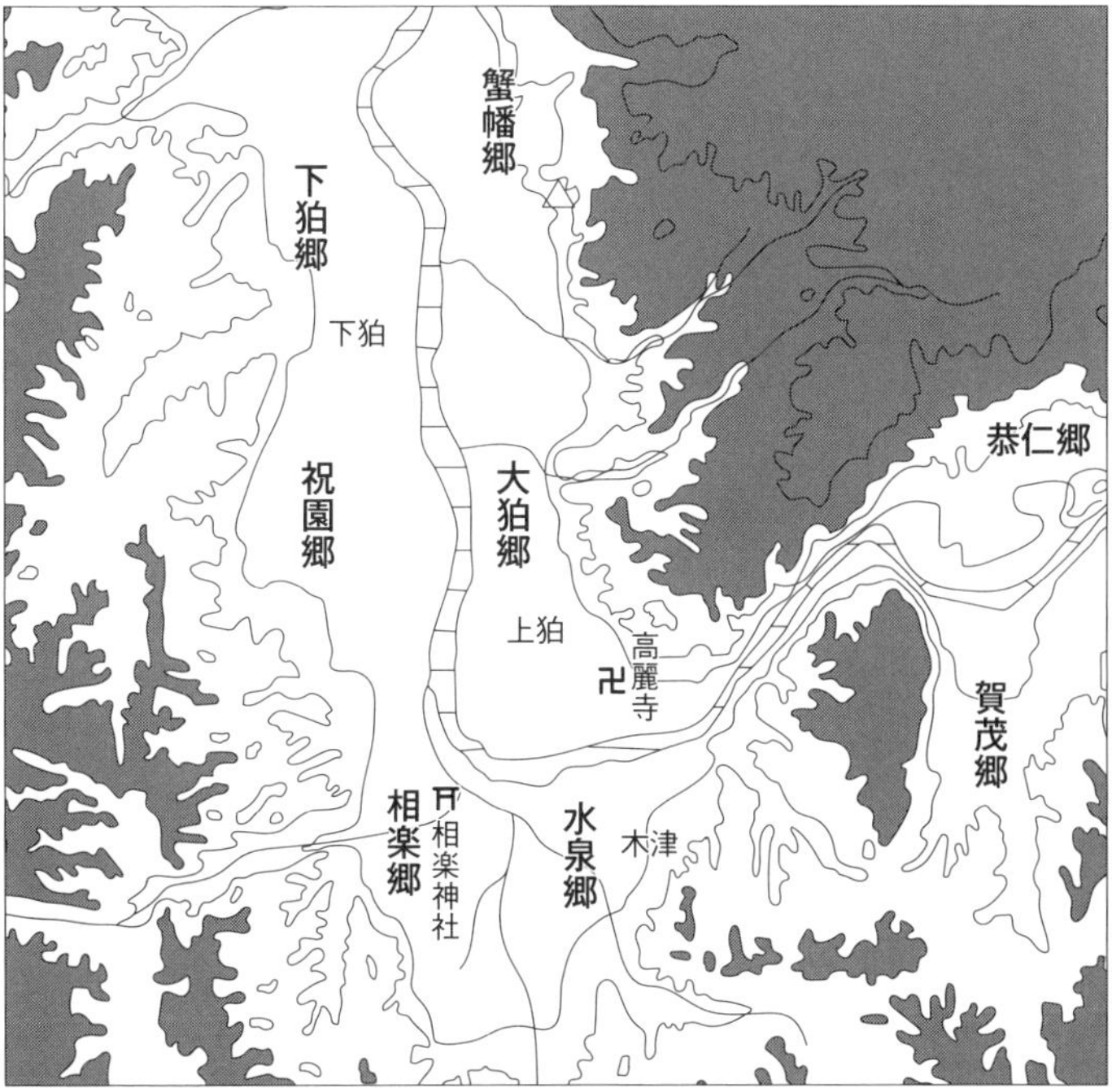

相楽郡の郷の配置

高麗寺金堂基壇跡

近くの奈良は柿でも有名である。まさに、あの正岡子規と法隆寺であるが……。この〝柿〟の木が高麗寺の金堂跡とともにある情景は、哀愁漂うものであった（上の写真）。最早、往時を偲ぶには想像力を逞しくする以外にないと思った。周りを見回しても単なる田舎の田園風景であり、一体、古代にどのような集落や村落が存在したのだろうか？　問いかけるにも手掛かりは全く得られないと思われた。

なお、この地域は木津川市であるが、元々木津川は淀川水運の重要な幹線である。この水運に適した木津川市は、木材や貨物の集積地として栄えた（この後に

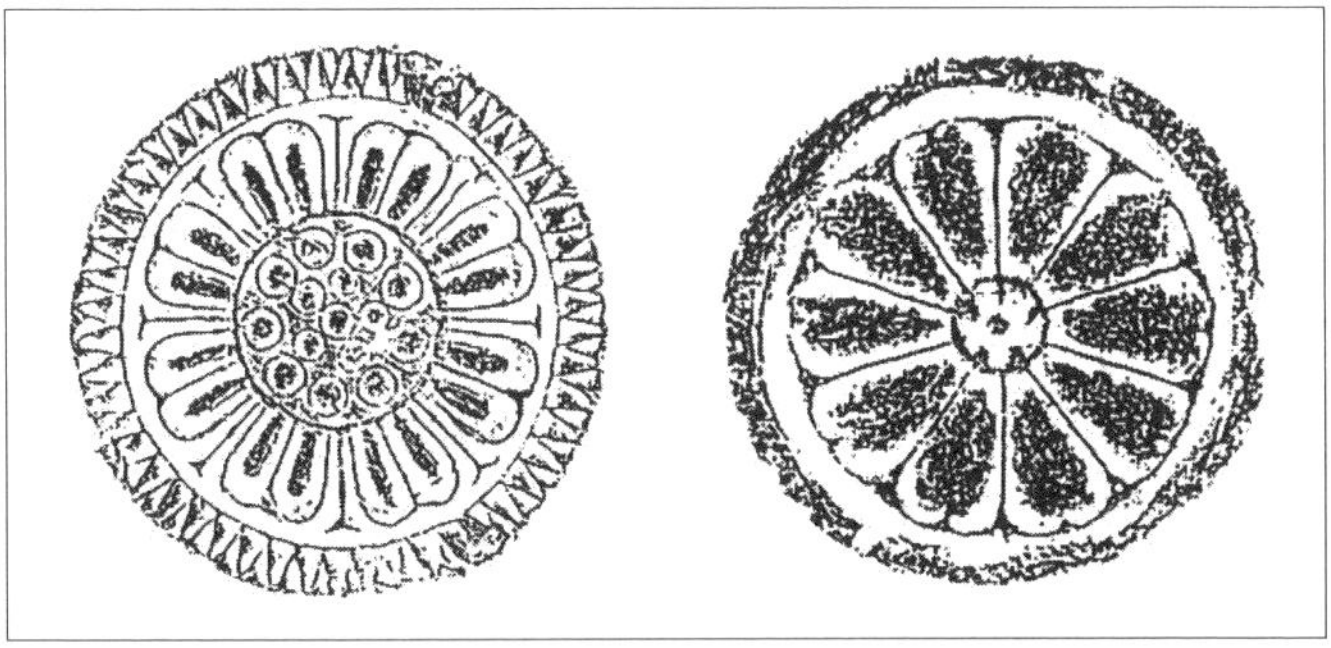

発掘されている軒瓦１「高麗寺跡出土軒丸瓦型式一覧」
（木津川市教育委員会）

見る、各地域の高麗または狛氏の集落は似たような川沿いにある）。

近年の発掘調査では、当時、この地域は各地の寺院建立のために必要とされた瓦の製造を行っていたらしい。それに、粘土瓦を乾燥させるための薪も豊富にあったという。徐々に見えてきたのは、この地が一時は寺院建築において重要な役割を果たしていたらしいという事実である。また、各年代における寺院建築の様子が発掘される軒瓦の文様から見えてくるという（頁上参照）。

とにかく、地上の薄い表土を剥いでいくと、極めてディープな古代飛鳥の文化の拡がりと奥行きが際限なく現れてくるようである。一体、どの時点から表面から消えていったのだろうか、と不思議な思いにとらわれる。とにかく、目を奪われるばかりの出土状況であ

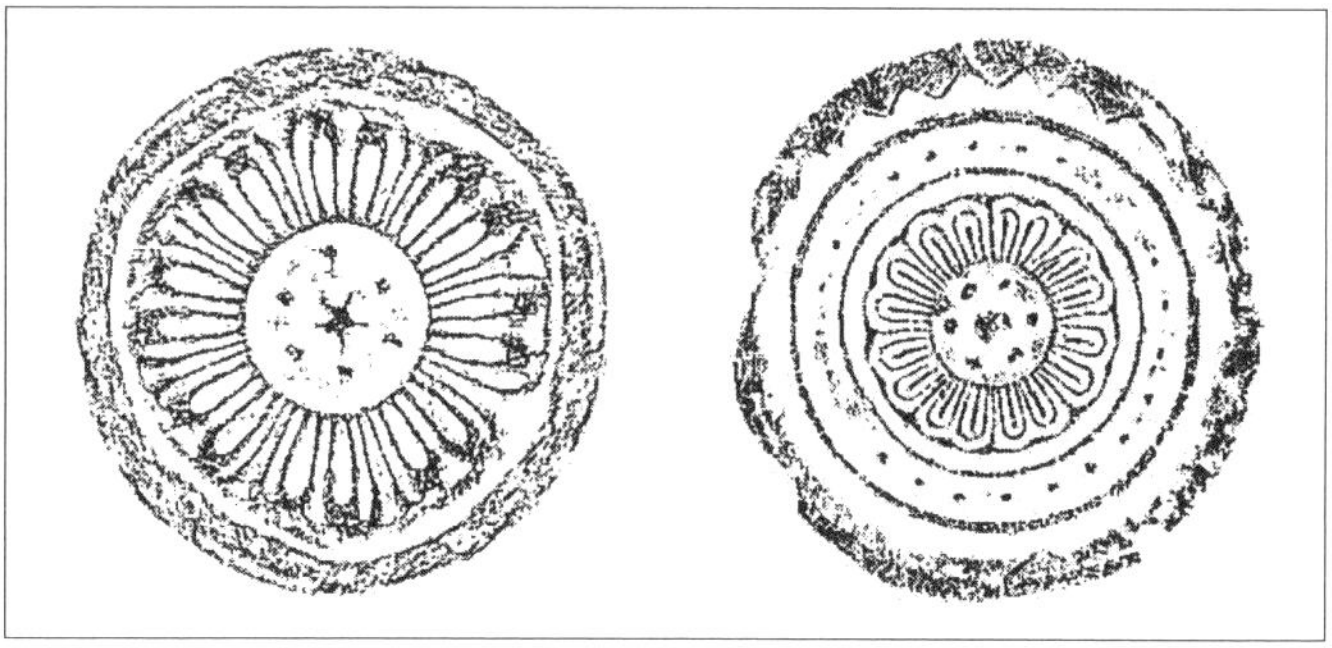
発掘されている軒瓦２「高麗寺跡出土軒丸瓦型式一覧」
（木津川市教育委員会）

り、今後の研究成果が大いに待たれる。いつもながら、筆者は古代や過去の事物が地中に埋まってしまうのは何故だろうと、不思議な感覚にとらわれるのであった。

この辺りの発掘や研究成果については、おおまかには、京都府市立郷土資料館・京都府立山城郷土資料館友の会発行の「南山城の歴史と文化」（二〇一六年三月刊）などに紹介されている（この辺りの古代遺跡の発掘はかなり進んでいて、その調査・研究報告も近年数多く発行されているようである。現地に問い合わせれば丁寧に教えて頂けるが、これらを集めるのも一苦労ではある）。

ただ、三人しか専門家のいない郷土資料館の忙しさは半端じゃないようで、それでもこれまで二回（原稿を書き終えるまで計三回）、時間を割いて対応して頂いたことは、ただただ感謝あるのみ。そして、三人の方のプロ意識には頭の下がる思いである。

この山城の狛氏の集落を見ると、木津川に沿って存在しているという特徴がある。これは先に述べたように、古代の武蔵国に存在したと考えられる地域がおおよそ川に沿った岸辺にあり（一一五頁参照）、まさに南山城と類似の光景だということである。

木津川では文字通り、木材の輸送や貯蔵などに川及び沿岸地が利用されたということである。特に、古代に巨大な寺院や伽藍の建築に必要な巨木の伐採や乾燥のための貯蔵は必須であっただろう。

《木津》とは（昔は、泉津《いずみのつ》とも言ったらしい）文字通り、木を扱う津（湊、船着き場の意）であったと教えて頂いた。木津川は川幅の大きい一級河川でもある。

以上を要約すると、古代飛鳥時代より、この南山城には高句麗からの渡来人が、木津川沿いに郡・郷を形成して、仏教や寺院建築及び仏像制作の高度な文明と技術を伝承させていた。当地では、数十年前から本格的な発掘作業が展開され、徐々にではあるがその全貌が明らかになりつつある。飛鳥時代や奈良時代の古代の歴史に一石を投じ始めていると言っても過言ではない気がする。

蟹満寺オブジェ

興味ある読者は是非現地を訪れられるのがいいと思う。観光化されていない地で、不便ではあるが、京都からJR奈良線で一時間程度でアクセスできる。無人駅であり、道に迷うこともあり得るのでご注意された方がいいが……。

さて、この高麗寺跡地の訪問や地元資料館、図書館などでの説明を受けて、資料のコピーも取らせて頂いた（実は、一枚のコピーを忘れていたらしく、図書館を訪れた数時間後に東京の家内から電話があり、「図書館の方からコピーを忘れています、との連絡があった」という。取り敢えず図書館に電話をして、次回取りに行く旨を申し上げた。実は、この約一〇日後に再び訪れることになるとは、この時点では想像もしなかったのだが）。

帰り道、駅の側で一つのオブジェが目に留まった（前頁上参照）。全く想定外であったので、同行して頂いていたガイドの浜口さんに「あれは何ですか？」と尋ねると、「かにまん……」と聞こえたため、再度、「〝蟹饅頭〟の宣伝用ですか？」と尋ねると、「違います。『かにまんでら』というお寺です」とお答え頂いた。その時は、それ以上の追求もせず、変わった名前の寺だなあ、くらいの印象で終わった。


帰京後、ふとこの寺の名を思い出して、インターネットで検索してみた。

実は、後で思えば、この検索がある意味、運命的な出会いをもたらしたような気がする……。

見つけたのは、『国宝白鳳仏』の存在であった。これ以降は、武蔵国の古刹の白鳳仏へと思いが飛ぶのであるが、いずれにせよ、この「狛氏」が居住していた地域において白鳳仏が存在したことが、その後の〝事件〟の幕開けであった。

狛氏ほかの渡来人を含む氏族の地域図を次頁に示す。

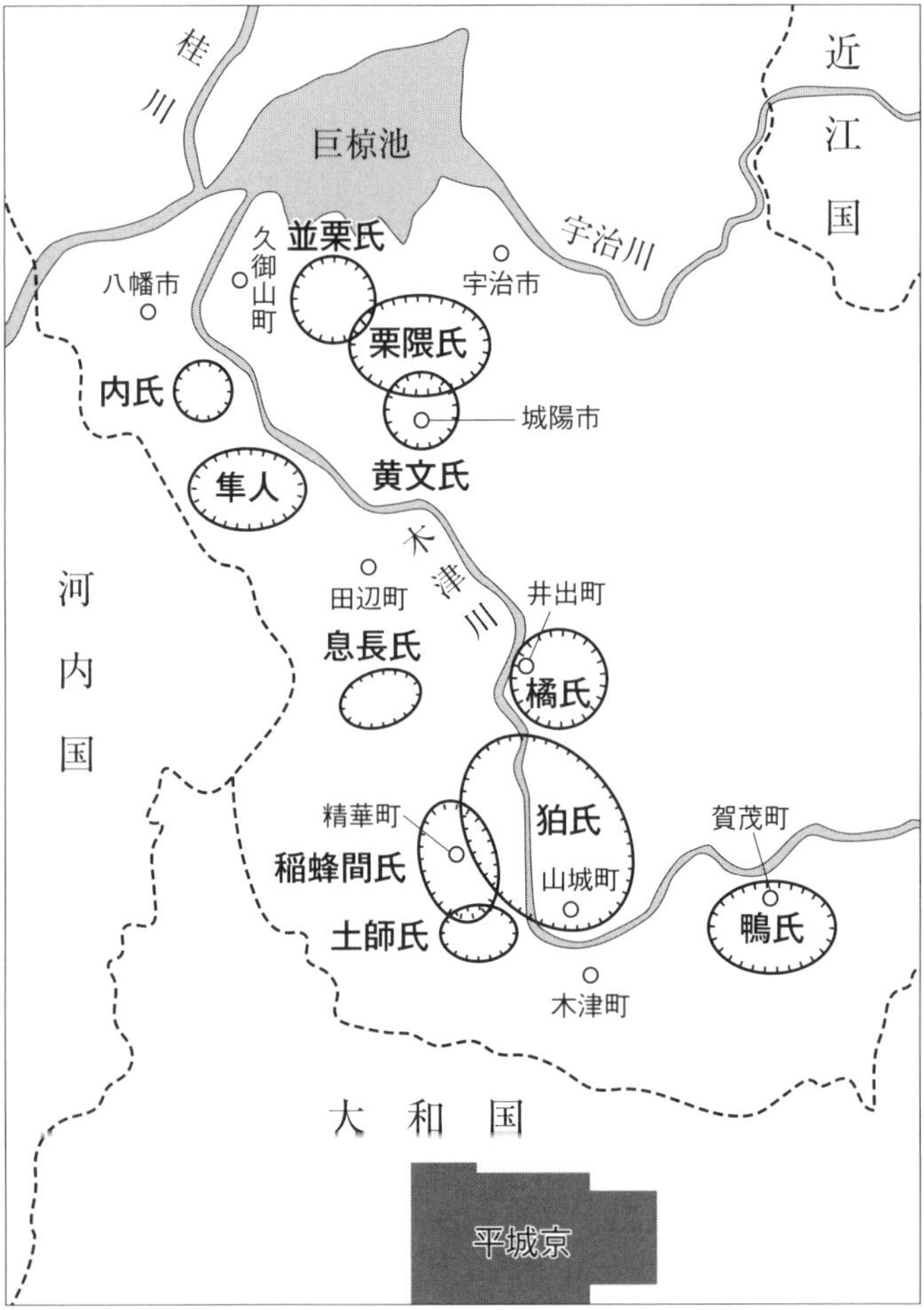
桂川
巨椋池
宇治川
近江国
並栗氏
久御山町
八幡市
宇治市
栗隈氏
内氏
城陽市
黄文氏
隼人
木津川
田辺町
井出町
河内国
息長氏
橘氏
狛氏
精華町
賀茂町
稲蜂間氏
山城町
鴨氏
土師氏
木津町
大和国
平城京

南山城の氏族の地域図

また、この蟹満寺だが、二五頁の地図にも表記されていた蟹幡《かむはた》郷にある真言宗智山派の寺で、観音を厚く信仰していた一人の娘が捕らわれた蟹を助けたことが機縁となり、後に娘が蛇に求婚されて困っていると蟹が蛇を殺して恩返しをした、という有名な伝説が伝わる（『今昔物語集』巻一六参照）。

この蟹満寺によって、実はある古刹の白鳳仏の出自と足跡を推理し始めるきっかけとなったわけであるが、これについては後ろの章で詳細に述べる。しかし、偶然が偶然を呼ぶのも何やら暇人には結構楽しいものである。まさに「（老）犬も歩けば棒に当たる」で、大当たりだったのである。

さて余談だが、この蟹満寺の白鳳仏を是非見るべしと思い、再度現地に赴いたが、三〇頁の写真にある通り、『今昔物語』に登場する蟹は「沢蟹」だったろうと思われるのである。

帰りのタクシーで、地元の若いドライバーにお世話になったが、彼も「あれは、沢蟹には見えない……。どう見ても松葉蟹だ」とブツブツ言っていた。さらにその足で京都行きの電車に乗っていると、車内の電光表示に、「……蟹の食い放題……京都××亭」との表

蟹満寺

示が流された。蟹尽くしの一日だったかもしれない（蟹満寺の寺紋、境内にあるほとんどの物には、蟹のマークが施されていた）。

また、蟹満《かにまん》は、二五頁に示した地図の蟹幡（かにばん）が転じたものということである。少し混乱されるかもしれないが、本書では南山城（京都府ではあるが、古代・飛鳥時代などでは奈良と非常に強い、深いつながりがあったであろう）という地域の、古代における仏教文化の一端が、筆者には、

①寺院建築という側面からは「高麗寺」を調べることにより見えてくる

②白鳳仏という仏像制作についての文化やその流れの原点が、蟹満寺の国宝白鳳仏より見えてくる

全く想定外の出来事であったし、京都府の南山城地域などもまさに想定外の地域、車内アナウンスを聞いてスマホ・マップを見てしまうという、連鎖が生じたのであった。決して意図して得られたものではなかったということである。呼び込むのか、呼び込まれるのかは不明だが、日常が偶然の積み重ねであり、決して昨日の延長線上にある、ということではない。非日常こそが人生なのであろう、と思われた。

なお、皆さんも気付かれているかもしれないが、狛と高麗の使い分けには、少し意味があるのかもしれない。これは後に述べる、武蔵国における地域による使い分け、即ち、

・府中市や三鷹市における高麗氏

・調布市や狛江市における狛氏

そう見えるような気もするが、定かではない。住む地域により、同じ《こま》氏のファミリーを区別するためだったかもしれない。ただし後で述べるように、《狛》と《柏》は字が似ているという以上に、何やら関係がありそうである。

前作でも漢字の記述についての謎解きに誘われ、時代の移り変わりと漢字の変遷が、一見無秩序に生じているのではないか。即ち、意味あるのは読みの《音《おん》》だけであり、一五〇〇年近くも不変であること自体あり得ないのではないか？

なお、高句麗の発音は、英語表記Ｋｏｒｅａとなっているとのことである。

第二章
ある渡来人末裔・高麗福信と大和朝廷

筆者は現在、調布市や近郊でガイドをさせて頂いているが、古刹深大寺を訪れる方は多い。この寺院を案内する時に語るのが、ハッピーエンドの恋物語である。

この説話の中に、福満という渡来の少年（当時、《福》という漢字がつくのは渡来系と聞いていた）が、地元の少女（虎女と言われている。母親の名が《虎》でその娘という意）に恋をしたが、少女の両親がこれに反対して、娘を湖にある小島に幽閉したという。これを嘆き悲しんだ福満少年が拝んだところ、深沙大王《じんじゃだいおう》（昔は『深砂』とも書いているし、深は『真』ともある）が現れ、湖に霊亀を遣わしたという。これにより、奇跡を呼んだ少年ということで、少女の両親も許した、という流れである（泳いで渡ればよかった気もするが……）。

とにかく、これでハッピーエンドのストーリーであるから、深沙大王堂は【縁結びの神】としてもご利益あり、とされている（大王堂の境内には絵馬も奉納され願いが書かれている）。この福満少年が長じて男子をもうけ、その子・満功《まんく》上人が法相宗を修めてこの深大寺を開基したと言われている（ただし、深沙大王説話が日本に入ってきたのは平安時代とも言われているが、説話でもあり、目くじらを立てるほどのことでもあるまい）。

ただし、飛鳥時代や奈良時代の日本に「虎」はいなかったはずである。豊臣秀吉の朝鮮出兵において（文禄の役と慶長の役であるが）、朝鮮半島での有名な加藤清正の虎退治の話がある。出兵した陣に被害を及ぼす虎を槍で突き刺したという話が伝わっているが、実際は、銃により仕留めたということらしい。

深沙大王説話に関連して、すでに述べた、六〜七世紀に《福》が名前についていたのは渡来系だということを何かで学んだ。これに関連して「高麗福信（武蔵守にもなった）」の名が登場してきた。筆者はごく最近まで、特にこれ以上の情報を持っているわけではなかった。

後に述べるように、たまたま、家内の誘いに応じて昨年の晩秋に訪れた東京国立博物館『正倉院展』での出来事がきっかけであった。実物展示が二十数点ということで比較的少なく、一通り見た後、通路ともなっているロビーに置いてある「図録」を何気なく見ているると、ある頁の文書に、あの《福信》の署名があったのである。思わず目を凝らしてみると、正倉院蔵の『東大寺献物帳』いわゆる『正倉院文書』（聖武天皇の遺品を記した文書）であった。一瞬、買うべきか否か迷ったが、その刹那、「少し高いなぁ、重そう」という邪心を起こして躊躇い、その日は帰宅してしまった。

翌日になって思い起こすと、手元であの図録をもう一度見たくなり、やはり購入しようと腹を決めた。博物館に電話をかけて、入場することなくミュージアムショップで購入できることを確認し、調布から上野に再度出かけて「図録」を三〇〇〇円弱で購入し勇んで帰宅した。その後、この『正倉院展』は、毎年、奈良国立博物館、東京国立博物館で開催されていることを知り、それらを一応、見てみたいと思った。そのせいで自宅近くの古書店に出向いたり、最終的には、それが目的ではなかったにせよ、奈良国立博物館、京都国立博物館でもミュージアムショップで探す羽目にもなった。それはそれなりに成果もあって、《福信》が署名した相当数の文書があることが判明した。

その後、時たま教えを乞うている、府中市市史編纂室主幹である英氏にご教示頂いたが、正倉院の文書の中には福信に関連する記述が二〇点以上残されているとのことであった。しかし、筆者の見つけた数点の署名入り文書で十分「高麗福信」の大和朝廷における出世の様子が窺えるのであった。

時の天皇、聖武天皇に如何に近い高位の人物であったかが読み取れるのである。とにかく武蔵国から出て、当時の朝廷であれよあれよという間に出世を遂げ、貴族のランクにまで昇りつめたわけである。ある本にもあったが、今流行りの「忖度組」のハシリであったかもしれない。しかも、親しくしていた藤原氏のある人物の失脚や死罪にも連座することなく、この世を泳ぎきった処世術は、現代の我々も参考にすべき?《技《わざ》》なのかもしれないが……。

ともかく本章では、渡来人で武蔵国と関連が深く、奈良時代にその末裔として、当時、朝廷において異例の出世を遂げ、度重なる権力争いをも潜り抜けた『背奈《せな》福信』(官位などに応じて呼び名は色々あるので注意されたい) について述べる。この福信と当時の権力者であった藤原氏一族、とりわけ、藤原広嗣や藤原仲麻呂については本書の主目的の一つである、朝廷・皇族の変遷とも密接に関連することになるので後ほど少し詳しく述べる。

なお、この『背奈福信』についてはかなり詳細な研究がなされ、報告もされている。例えば、『渡来人・高麗福信　天平の武蔵野』では一冊にわたって詳細に述べられており、全貌を掴む上でも、また一生の物語としても興味深い。また、『日本古代の豪族と渡来人―文献史料から読み解く古代日本―』にも一章が設けられている。興味ある読者や、さらに当時の詳細な情勢などをお知りになりたい方はこれらの著書を参照ください。本書では、以下の章で、武蔵国が奈良時代当時の政治環境から受けた影響や、これによる (武蔵守ともなった) 福信との関係は、

・聖武天皇による国分寺建設、経典・釈迦牟尼仏などの整備の詔＊
・長屋王の変
・藤原広嗣の乱
・藤原仲麻呂の乱

等が重要であるので、これらに関連することについては、若干、詳細に述べる。これらは当時、大和朝廷における藤原氏（かの中臣鎌足〈後の藤原鎌足〉を祖とするが、彼も渡来系である）の進出と政権争いが多く起きたという時代背景と密接に関連している。筆者はあまり詳しくないが、さらに蘇我氏の影響や天智天皇系統と天武天皇系統の後嗣を巡る争いも加わっていたようである。興味ある読者は、例えば『皇子たちの悲劇　皇位継承の日本古代史』などをご覧ください。

＊天平一三（七四一）年に聖武天皇が仏教による国家鎮護のため、当時の日本各国に建立を命じた寺院であり、七重塔の建立も求められ、国分僧寺《こくぶんそうじ》と国分尼寺《こくぶんにじ》に分かれる。正式名称は、国分僧寺が「金光明四天王護国之寺《こんこうみょうしてんのうごこくのてら》」、国分尼寺が「法華滅罪之寺《ほっけめつざいのてら》」。なお、壱岐や対馬には「島分寺《とうぶんじ》」が建てられた。これに加え、丈六（約四・八メートル）の釈迦牟尼仏一体や金光明最勝王経を整備するように求めた。ただし、六十余国には、その後、

武蔵国分寺復元模型（国分寺市提供）

一体もこの釈迦牟尼仏は発見・発掘されていないとのことである。また、述べているように、律令制の崩壊によって、諸国の国分寺そのものが存在地位を失っていった状況であったことを考えると、安置されていた可能性のある仏像の運命も変質していったであろうと推測される。

以上のことから、諸国の国分寺自体の調査は少なくとも数百年の時を経た後に行われたわけで、この間に土中に埋もれたものが多く、発掘調査を待って後、創建時から鎌倉時代にかけて建設された国分寺の規模や寺の様子が明らかになってきた。

武蔵国分寺も平安時代後半から徐々に衰退に向かっていった。これは律令政治から摂関政治・院政に至る政治体制の変化と地方政治の弱体化、及び永承七（一〇五二）年を末法とする浄土思想（阿弥陀信仰）の流行と都における造寺の盛行、平将門・藤原純友の乱（九三九年）などの政情不安、地方武士の台頭などと情勢が大きく変わっていったことも影響していった。

武蔵国国分寺はその後、江戸時代後半に調査・研究が本格的に始められたとのことである（『武蔵国分寺のはなし』国分寺市教育委員会、二〇一〇年三月改訂二版など）。この間は、地表からは消えて地中に静かに埋もれていたわけで、記録としてもほとんど記されることもなかった。

本書で述べる白鳳仏が国分寺にあったものだとしても、その後の変遷がつまびらかになることもなかっただろうから、筆者の推理が正しければ、現状で唯一、その後の運命が示されたものとなる。

次頁に天皇・年代とともに主要な出来事を示す。

時代区分	文化	天皇	出来事
飛鳥	飛鳥	推古	
		舒明	
	白鳳	皇極	645　乙巳の変
		孝徳	
		斉明	
		天智	663　白村江の戦い
		弘文	
		天武	
		持統	
		文武	
奈良	天平	元明	708　武蔵国銅献上（和銅）
		元正	
		聖武	741　国分寺詔
		孝謙	749　奥州（百済王敬福・砂金） 756　福信武蔵守 757　武蔵国分寺創建
		大炊（淳仁）	
		称徳	
		光仁	

また、以下、少し当時の政治的な背景や状況について、朝廷政治の中央近くにいた高麗福信の足跡をたどる上で必要となる説明を述べる。

聖武天皇は、幼名を首《おびと》。文武天皇の第一皇子で母は藤原宮子、藤原不比等の娘である。霊亀二（七一六）年に藤原不比等の女安宿媛《むすめあすかべひめ》（光明子《こうみょうし》）と成婚した。祖母元明、伯母元正の二女帝が相次いで即位したが、その間に平城京の造営が進み、和銅七（七一四）年六月に首皇子は立太子し、神亀元（七二四）年二月に元正天皇から禅譲されて即位、その後二五年の治世が続いた。

天皇の仏教への帰依の志が固められ、たまたまそこに、天平九（七三七）年に光明子の異母兄弟四人を含む大官が相次いで疫病で斃れるという事態が起こる。

- 藤原広嗣の乱

これを避けることができず、天皇自身が、

- 平城京の放棄
- 恭仁《くに》宮に遷都
- 紫香楽《しがらき》宮（離宮）造営（この宮は、甲賀宮とも呼ばれる。甲賀の地にある。まさに忍者の甲賀であるが）

・難波宮に再び遷都
・諸国国分寺の建設の詔
・東大寺盧舎那大仏の造顕
などの詔が発せられる。そして、
・天平一七（七四五）年五月、平城京に戻る
この頃から聖武天皇は次第に健康を害するようになり、同一九（七四七）年三月には光明皇后が天皇の病気平癒を願い、新薬師寺も建立されている。同寺には、白鳳期の香薬師像があったが、過去に三回盗難に遭って現在は所在不明であり、右手首のみが最近見つかり、重要文化財として奈良国立博物館に保管されている。現在はそのレプリカを観るに留まる。この香薬師像は、後章で登場する武蔵国深大寺の白鳳仏ともよく比較されるお像である。

ここで《新》薬師寺と、新がついていますが、皆さんはこの意味をご存じでしょうか？「霊験新たか」という意味らしいのですが、ご確認ください。当寺は東大寺の末寺で創建時は尼寺であった（光明皇后の発願）ということです。

東大寺大仏の鋳造は天平一九（七四七）年九月から開始されたといい、同二一（七四

九）年二月に陸奥国から黄金が貢献された（もちろん、大仏の完成に必要な黄金数百キログラムが賄えたわけではないらしい）。

さらに天平勝宝元年（七四九年）、聖武天皇の退位後（聖武太上天皇となる）に女帝孝謙天皇（女性として初めて皇太子となった）が即位した。在位中の政治は、母光明皇太后と寵臣藤原仲麻呂（後の恵美押勝。「押勝」は淳仁天皇から賜与された）によるところが多かった。聖武太上天皇が亡くなった後に、藤原仲麻呂と親しい大炊《おおい》王が淳仁天皇として即位し、孝謙天皇は上皇となった。この頃から上皇と藤原仲麻呂、両者の不和が顕在化した（上皇が看病僧・道鏡を寵愛したのが原因ともなった）。

淳仁天皇と結んだ藤原仲麻呂は次第に窮地に陥り、天平宝字八（七六四）年八月に兵乱を起こし、上皇はこれを討滅した。この際に討伐軍として捕縛に向かったのが、近衛長官であった、高麗朝臣福信であった。それまで藤原仲麻呂とも良好な関係を持っていたはずの高麗朝臣福信であったが、勝利者側についた格好であった。機を見るに敏であったかどうかは分からないが……。

――以上で詳しい説明は終了。なお、「淳仁天皇」という諡《おくりな》は明治三年に与えられたものである。

若干長くなったが、このような、ある種の政治的な混乱の中、一方で聖武天皇の仏教への深い帰依もあり、まさに高麗福信は着々と出世の階段を昇っていった。国分寺の早期の建設などは、ある種の、いわゆる「(天皇への)忖度」であったかもしれないが、先に述べたように、高麗・狛一族の持つ高い技術力と仏教への帰依、団結力の表れだったのかもしれない。

まずはもう少し、《渡来人》というものを俯瞰的に捉えるため、七~八世紀頃の渡来人の東国への移住について纏めたのが次頁の表である。これらについては、『日本書紀』『続日本紀』に記述があるものである。

さらに五一頁の年表によれば、武蔵国国分寺において渡来人に関係する文字瓦が出土しているとのことである。

七世紀後半~八世紀に、本書で重要となる《高麗人》の武蔵国への移住が記載されており、史実としてもほぼ間違いないと想定される（これはすでに述べた聖武天皇の遺品に関する正倉院文書の中に〝高麗朝臣福信〟の直筆署名があることからも、単なる伝説・伝承の類ではないと言える）。

渡来人の東国移住一覧

年次	記事の内容
①天智五・冬（六六六）	百済の男女二千余人を東国に配置
②天武一三・五（六八四）	渡来した百済の僧俗二三人を武蔵国に配置
③持統元・三（六八七）	渡来した高麗人五六人を常陸国に配置
④持統元・三（六八七）	渡来した新羅人一四人を下毛野（下野）国に配置
⑤持統元・四（六八七）	渡来した新羅の僧尼・百姓二二人を武蔵国に配置
⑥持統二・五（六八八）	百済の敬須徳那利を甲斐国に配置
⑦持統三・四（六八九）	渡来した新羅人を下毛野国に配置
⑧持統四・二（六九〇）	渡来した新羅の韓奈末許満ら一二人を武蔵国に配置
⑨持統四・八（六九〇）	渡来した新羅人らを下毛野国に配置
⑩霊亀二・五（七一六）	駿河・甲斐・相模・上総・下総・常陸・下野七カ国の高麗人一七九九人を武蔵国に遷し、高麗郡を建郡
⑪天平宝字二・八（七五八）	渡来した新羅の僧尼三四人、男女四〇人を武蔵国に配置し、新羅郡を建郡
⑫天平宝字四・四（七六〇）	渡来した新羅人一三一人を武蔵国に配置

関東の渡来人略年表

年号	西暦	月	事項
天武十三	六八四	五	武蔵国に百済の僧尼・俗人男女二十三人を安置、武蔵国の初見
持統元	六八七	三	常陸国に高麗人五十六人を居らしむ
		三	下野国に新羅人一十四人を居らしむ
		四	武蔵国に新羅の僧尼・百姓男女二十二人を居らしむ
持統三	六八九	四	下野国に新羅人を居らしむ
		四	下野国那須国造那須直韋提、評督を賜う
			碑を建て、墓誌を記す
持統四	六九〇	二	武蔵国に新羅の韓奈末許満ら十二人を居らしむ
		八	下野国に新羅人らを居らしむ
和銅四	七一一	三	上野国に多胡郡を新設、碑を建て記念す
霊亀二	七一六	五	武蔵国に高麗郡を新設
天平五	七三三	六	武蔵国埼玉郡の新羅人徳師ら五十三人、金の姓を与えらる
天平十三	七四一	三	国分寺建立の詔下る、武蔵国分寺より渡来人関係の文字瓦出土
天平宝字二	七五八	八	武蔵国に新羅郡を新設
天平宝字四	七六〇	四	武蔵国に新羅人百三十一人を置く
天平宝字五	七六一	一	美濃・武蔵二国の少年各二十人に、新羅征討のため新羅語を習わせる
天平神護二	七六六	五	上野国の新羅人子午足ら百九十三人に吉井連の姓を賜う
宝亀二	七七一	十	武蔵国、東山道より東海道へ転属さる
宝亀十一	七八〇	五	武蔵国新羅郡人沙良真熊ら二人に広岡造の姓を賜う

筆者自身も数点の福信署名の文書を見出したが、大まかな彼のプロフィールを知る上でもかなりの情報量である。

この文書『正倉院文書』の中には、とにかく、時の権力者である「藤原仲麻呂」「藤原永手《ながて》」などに続く署名であるので、イヤハヤ、いささか眼が眩むほどの地位でもある。さらに文書では、あの《道鏡》、さらには《女帝・孝謙天皇》（二回、天皇位に就いた。即ち重祚した）と東大寺大仏の〝沙金《さきん》〟の鍍金に使用する女帝の裁可など、夫に興味深く、思わず眼前に登場人物が浮かんできそうでもある。付録（一五二頁）にこの原文の一部を掲載する。藤原仲麻呂については後ほど、孝謙天皇・道鏡との権力争いの中で詳述する。

ここでは簡単に、本書の主題とは直接関係しないが、藤原永手の事績と関連する話題を掲載しておく。

当時、国分寺の建立の詔で、七重塔の建設が求められていたように、七重塔（現存するのは五重塔がほとんどであるが、飛鳥・奈良時代の当時は、もっと高い九重塔もしくは、さらに高いものもあった）が結構、標準でもあったようである。

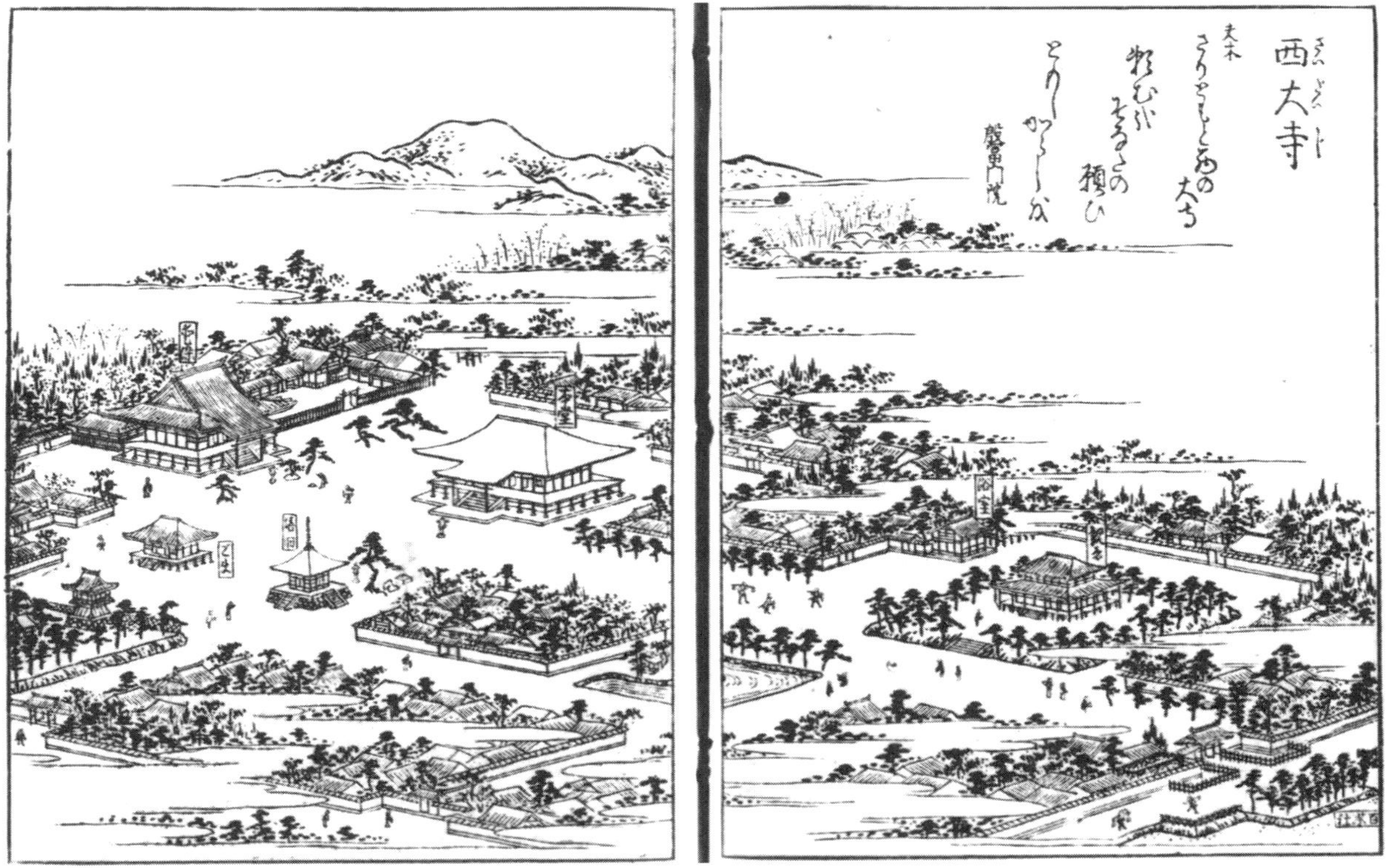

『大和名所図会』（国立国会図書館デジタルコレクション）

『奈良名所むかし案内　絵とき「都名所図会」』の「三、五重塔、じつは七重塔」では、「絵に小さな仮堂が描かれた場所にかつては五重塔が建っていた。『日本霊異記』に西大寺五重塔にまつわるこんな説話がのっている。塔はもともと八角七重の計画だったが、右大臣の藤原永手が四角五重に切りちぢめた。その罪により、藤原永手は閻魔大王に召しだされ、火の柱を抱かせたり、折れ曲がった釘を手に打ち立てられたという」

というように、西大寺（奈良）においても当初は七重塔が予定されていたようで、これを五重塔にした（ケチった？）藤原永手を皮肉ったものであろう。

さて、前章で述べた通り、《コマ》の音に当てた漢字としては、高麗、狛、巨麻、巨摩などがあるが、本章のこれまでは「高麗」の記述である。しかし、本書のメインテーマについての漢字表記は「狛」である。筆者はこの「狛」と「高麗」が同じ音ではあるが、どう使い分けられたかは知る由もない。本書の主題である朝鮮半島高句麗からの渡来人は、主に「狛」と書く地名や人名が中心であることに注意されたい。同一と見る時もあれば、これらの間に、ある種、識別子としての役割を持たせる場合もある、ということである。これは必ずしも恣意的にというよりは、自然にそう見る方が書かれた漢字としてのメッセージが読み取れるということである。一例として、次章以降に登場する武蔵国の（現在の狛江市や調布市にある）地名《狛》と、（現在の京都府）木津川市の《狛》との関連である。詳細は以後に譲るが、同じ字を書き、より関連性が強く感じられるであろうということで、それ以上でもそれ以下でもない。とにかく、古代において、意識してこれらを使い分けたか否かは、知る由もない。

以上は、三二頁と八五頁の地図を比較すれば分かりやすい。

ここで、高麗福信の生涯について触れておく。

高麗福信は、和銅二（七〇九）年に武蔵国高麗郡に生まれた。なお、高麗郡は一八九六年に廃止され、埼玉県入間郡に編入された（埼玉県にはかつて、新羅郡もあった）。高麗郡は元正天皇の霊亀二（七一六）年に駿河、甲斐、相模、上総、下総、常陸、下野七か国に散在していた高麗人一七九九人を大和朝廷の命で武蔵国に移され、設置された郡（行政区画）である。集団の指導者は王《こきし》の姓《かばね》を賜った従五位下高麗若光《じゃっこう》と言われている。

高麗福信の官位などの変遷を、筆者が見た正倉院の六文書で追いかけると、

七五六年六月二一日《国家珍宝帳》　福信：山背守巨満朝臣

七五六年七月八日《法隆寺献物帳》　福信：武蔵守巨満朝臣
七五七年正月一八日　福信：巨満朝臣
七五九年三月二一日　福信：竪子巨満朝臣
七六一年二月一四日　福信：正四位下高麗朝臣
七六四年九月一一日　福信：正四位下高麗朝臣

ここで武蔵守となって故郷に帰ってきた時に、武蔵国分寺は着工以来一五年経っても未完成であった。これを早急に完成させることが、新任武蔵守となった福信の大きな役目であった。

『国分寺市史』によれば、国分寺の屋根葺きに使用されたおびただしい瓦のうち、「平城京系の瓦は、天平勝宝八年の造営督促の詔を背景に導入されたことが推察される。そして翌年の天平宝字元年五月の一周忌斎会までに主要建造物はほぼ完成したものと考えられるが、高麗朝臣福信の任官から一周忌斎会までの期間（約一年）であり、政府高官の福信の武蔵守任官は時宣を得た人事であり、大幅なテコ入れを断行したもの」としている。

この武蔵国は以下に述べるように、当時の政権と直接的に関係を持った地であり、直接政権の意向が及ぶ地でもあった。これを見ても武蔵に渡来人の優秀な技術者がいて、彼らが高麗朝臣福信に協力したことも十分想定できる。

なお、武蔵国は『武蔵国造の乱』により、当時の政権の屯倉《みやけ》となっている。乱の経緯は、『日本書紀』安閑天皇元（五三四）年の条に記載されている。同条によると、武蔵国造の笠原直《かさはらのあたい》使主《おみ》（おぬし）と同族の小杵《おき》（おぎ）は、武蔵国造の地位を巡って長年争っていた。小杵は性格険悪であり、密かに上毛野君《かみつけののきみ》小熊《おぐま》の助けを借りて使主を殺害しようとした。小杵の謀《はかりごと》を知った使主は逃げ出して京に上り、朝廷に助けを求めた。朝廷は使主を武蔵国造とすると定め、小杵を誅した。これを受け、使主は横渟《よこぬ》・橘花《たちばな》・多《おお》氷《い》・倉樔《くらす》の四か所を朝廷に屯倉として献上したという。

ここで言う「屯倉」とは、大和王権の直轄領のことであり、この時期には武蔵国造の乱の記事に限らず、地方豪族から贖罪としての貢進の記載がある。この乱の経緯から、現在の武蔵国府跡（東京都府中市）の地に国府・国衙などが建設された。

いずれにせよこの時代の武蔵は朝廷との結びつきが強く、朝廷の意向・人事権の及ぶ地域であったことは間違いなく、朝廷の高位の官位を持った高麗福信が武蔵守として派遣されたのである。

第三章

木津川・狛氏から武蔵国・狛氏へ仏教の伝来と寺院

前章までで、主な地域・地名・人物は登場した。

そこで、京都府にある木津川市狛地域へ。京都府にあるため、少し奈良時代と関連が薄いように感じられるかもしれないが、この地域は奈良北部に非常に近く　現在の行政区分で考えずに距離感で見た方が分かりやすい。とにかく京都の観光案内の本で探してもほとんど見当たらない場所でもあるが、ある意味「これから注目されるポテンシャルのある地域」と筆者は見ている。ゆっくり見るなら今のうち……、といった地域と言えそうである。ただし、案内標識などの整備、駅前地図表示の不正確さには注意が必要だし、駅も無人駅、降りてもほとんど人がいないから、駅前で気楽に道を聞ける店もないというのが実状。

ここで、先に触れた南山城の地域に焦点を当てると、狛氏の氏寺として「高麗寺」が建設されていたということである。深く仏教に帰依していただろう狛氏の一族が朝鮮半島からこの地、南山城に定着した。携えてきた仏教文化を、寺院建設や仏像という形あるものに遺し、今まさにそれらが脚光を浴びているのだ。筆者は、日本の他の地域とどのような関係にあったか、どのように発展してきたかを知る上で、大きな出発点に来ているような気がする。

木津川

祇園寺近くを流れる野川

そういう観点から見て行くと、

◎朝鮮半島　↓　南山城　↓　武蔵国

という関係が見事に筆者には見えてきたのだった。

端的に筆者の発想を表現すると、南山城・狛氏が、まさに武蔵国・狛（後に《柏》へと変じている）に転じている。一三七頁の『武蔵名勝図会』にも同様の記載がある。

筆者は時代の特定はできないが、「狛→柏」への意図的な変更も行われたのではないかとも考えている（これは本書の付録「その後の狛氏について」で少し述べる）。〝柏〟の里（現在の調布市野川沿い）にも移住し、これにあわせて仏具など一式も携え、氏寺を建設した、ということである（『武蔵名勝図会』の狛の里に関する記述を一三七頁に掲載する）。

この氏寺こそが、調布市にある古刹、

◎虎狛山日光院祇園寺

である。

この祇園寺に伝えられているのは、「（西暦）七二九年～七四九年に、深大寺と同じ満功《まんく》上人によって開創された」ということである。従って、開創の年が特定されているわけではない。

一方、『新編武蔵風土記稿』には、この祇園寺の開基について、伝承ながら「天平勝宝二年」（七五〇年）と、年号をはっきり記している。これでも本書では不都合は生じないし、むしろ説明するうえでより合理的な年号である。

『新編武蔵風土記稿』
（国立国会図書館デジタルコレクション）

この南山城と調布祇園寺の関係性を読み解くカギの一つは、【祇園】というキーワードである。軽くインターネットで調べてみた。

祇園神が鎮祭されたのは、奈良時代以前に遡るとされるが詳細は不明である。八坂神社が明治三（一八七〇）年に出版した『八坂社舊記集録』（紀繁継『八坂社旧記集録』『八坂誌』ともいう）によると、巻頭に承暦三（一〇七九）年という年代の記された記載を謄写したという「八坂郷鎮座大神之記」には、

八坂郷鎮座大神之記
齊明天皇即位二年丙辰八月韓國之調進副使伊利之使主
再來之時新羅國牛頭山座須佐之雄尊之神御魂齋祭來而
皇國祭始依之愛宕郡賜八坂郷並造之姓十二年後
天智天皇御宇六年丁　社號為威神院宮殿全造營而牛頭
山坐之大神乎牛頭天王奉称祭祀畢
淳和天皇御宇天長六年右衛門督紀朝臣百繼尓感神院祀

官並八坂造之業賜為受續
　奉齋御神名記
神速須佐乃男尊　　　　中央座

とあり、斉明天皇二（六五六）年に高句麗の使、伊利之使主（イリシオミ）が来朝したとき新羅国の牛頭山の須佐之雄尊を祭ると伝えられる。伊利之は『新撰姓氏録』山城国諸蕃の八坂造に、意利佐の名が見え、祇園社付近は元「八坂郷」と称していた。この伝承にそのまま従うと、「日本における神仏習合以前に、朝鮮半島ですでに日本神話のスサノオが信仰されており、その信仰を持ち込んだ渡来人が住みついた後になってから牛頭天王と習合した」ということになるが、川村湊氏や真弓常忠氏は「朝鮮半島より渡来した人々が住みついて牛頭天王を祀ったが、その後、日本神話のスサノオと習合した」と解釈している。

また、牛頭天王は、「蘇民将来説話」の武塔天神と同一視され、薬師如来の垂迹《すいじゃく》（仏・菩薩が衆生《しゅじょう》済度のために仮の姿をとって現れること）であるとともにスサノオの本地ともされた。

以上見たように、祇園というものと朝鮮半島、すなわち高麗（狛）との密接な関係があることが分かる。

この観点から、調布市にある（すでに昭和時代の地図で見た）地域の「祇園寺」はまさに、この狛氏の【氏寺】と見てほぼ間違いはない。次頁の『武蔵名勝図会』で見る江戸時代の様子では、この神社のすぐ近くには薬師堂があり、また（江戸時代の表現を借りれば、この寺院が別当であった）虎狛神社とペアになっている。この神社は、《虎》と《狛》であり、これらはすべてこの地域が奈良時代の（現在の京都府南部）南山城からもたらされた仏教文化が武蔵で定着した地域の一つであると考えるのは極めて自然であろう。狛族のトーテム（氏族と特別の関係にある動植物を言う）が《虎》である。

この（調布市にある）祇園寺の山門前の風景を見た二人の日本人（筆者の友人で長く韓国に駐在された方と韓国によく旅される方）が、異口同音、「韓国でよく見る風景だ！」と叫ばれた。さらに、筆者が京都木津川市に最初に行く前に偶然知り合った韓国人の女性にも、この風景写真及び祇園寺山門横にある石像の写真を見て頂いたところ、「写真の風景、韓国で見たことあります。韓国の田舎のような写真ですね。下の石仏は韓国でよく見られる景色です」とのコメントを頂いた。

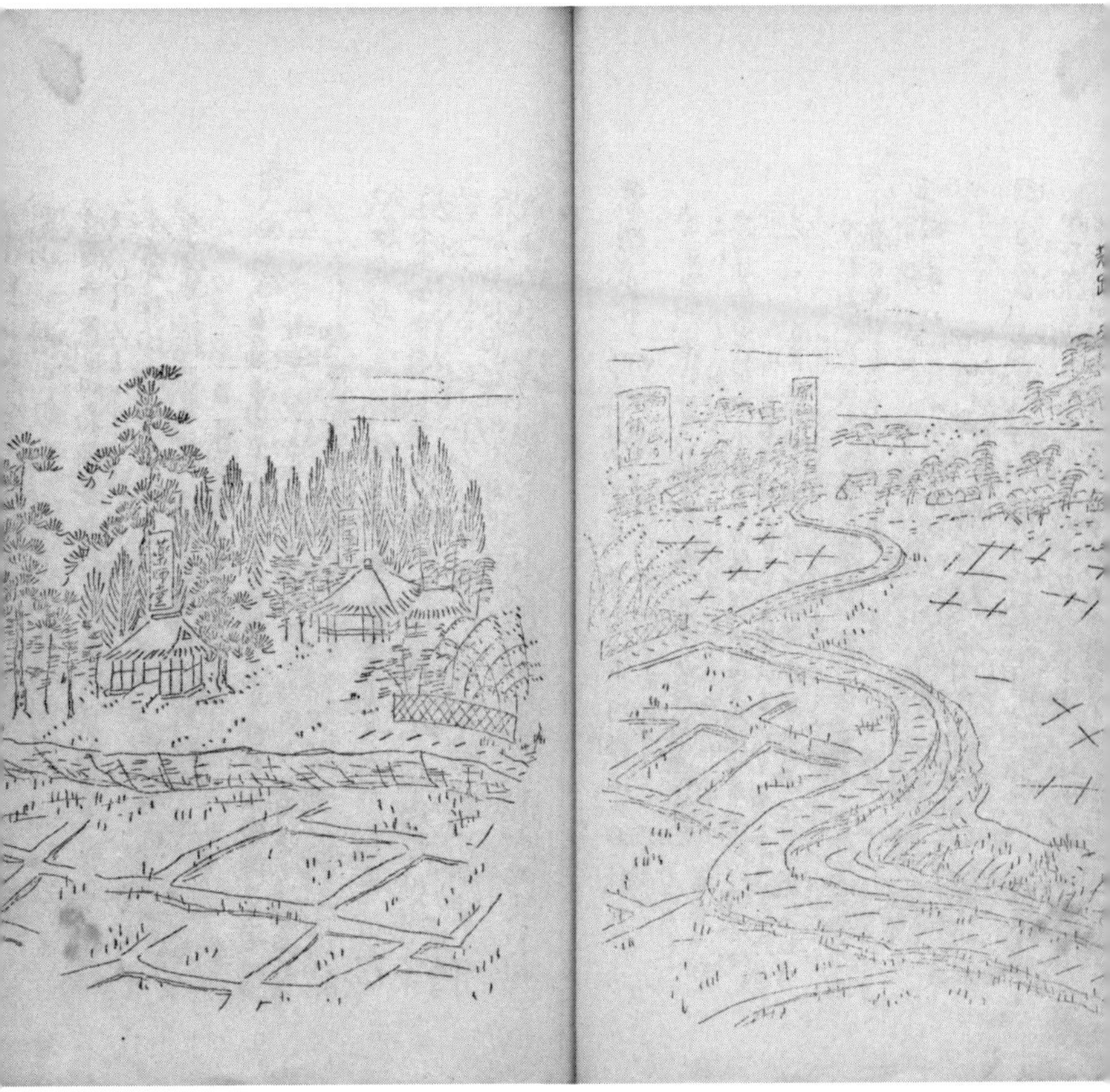

『武蔵名勝図会』多摩郡之部 巻第四（国立国会図書館デジタルコレクション）

祇園寺山門付近石像

二人とも違和感なく、韓国の田園風景と考えられるということである。

これは、（南山城の狛地域から）移動してきた狛氏一族が、祖国と立地条件の似た場所に祇園寺を建立したと考えて間違いはなさそうである。南山城の木津川市で発掘調査された「高麗寺跡」の風景（二六頁）とも似ている（いずれも川の段丘を見渡すような場所）。

以上、地名や寺院名のほかにも宗教的観点（祇園や牛頭天王、薬師如来信仰など）、さらには立地の地政学的観点から見ても、彼らが七〜八世紀頃にはこの武蔵国のある地域（調布市内）に定住して寺院を構えたと考えるのは妥当だろう。

さらには、虎狛神社など日本古来とは考えにくいネーミングである。そして、この寺院（祇園寺）には南山城で制作されたであろう仏像が、狛氏とともに、氏寺・祇園寺の本尊としてもたらされた（当時、武蔵国で仏像が制作された、と考えるには現時点でその根拠はない）。この場合、移動するには大型の仏像ではなかった、と考えるのが自然であろう（例えば先に述べた『蟠満寺』にある国宝白鳳仏。次頁の写真の白鳳仏は二〇〇〇キロ以上あり、とてもポータブルなものではなかっただろう。この像は現在ある場所で制作されたとほぼ確定されている）。

釈迦如来坐像（国宝）京都・蟹満寺　白鳳時代
（写真撮影　飛鳥園）

この蟠満寺の国宝白鳳仏は、筆者が蟠満寺をインターネットで検索した時に偶然見出した「国宝銅造釈迦如来」である。この像の写真を見た時に、瞬間的に深大寺国宝白鳳仏に非常に似て見えたのだった。

この蟠満寺白鳳仏に気付いた数日後に、書店で『京都 傑作美仏大全』を見つけた。京都の仏像というから、筆者には珍しくて手に取ったわけであるが、偶然とはいえ、同書の中に蟠満寺（国宝釈迦如来坐像）が掲載されていることに気付いた。この銅造は、「数ある日本の釈迦如来像の中でも抜群のできであり、金属製の釈迦如来像としては最高傑作の名に恥じない、金属製の仏像という点に話を絞るならば、蟠満寺像に匹敵するのは、薬師寺の薬師三尊像（国宝）くらいしか見当たらない」と称されている。

さらに同書では、「本像の特徴の一つは、螺髪《らほつ》と白毫《びゃくごう》がない点である」とあり、これに続いて「東京の深大寺に伝来する白鳳時代の制作とされる釈迦如来倚像と共通し、非常にすっきりした印象を受ける」との説明がなされている。

まさに、筆者がインターネットで見た蟠満寺白鳳仏に感じたのとほぼ同じものである。さらに筆者は、二つの銅造の肌の〝滑らか感〟がほぼ同じと感じるのである。

ただし、蟹満寺国宝白鳳仏はかなり大きな座像であり、先に述べた通り、二六〇〇キロあるとのことである。

いずれにせよ、この類似点から、筆者は二つの仏像は（この地域の）同じ時代に、同じ技術で、同じ材料で作られたものではないかと思う。素人考えではあるが、ある種の【確信】に似たものを強烈に感じたのだった。そこで、「すぐに、京都木津川市にある蟹満寺に出向こう」と思い、約一〇日後ではあったが、京都に赴いた。これが明けて本年一月六日であった。

現地で道を探しながら（駅前の看板には、結構太い通りのまっすぐな道路が描かれ、「一・五キロメートル」と書かれていた。だが、一〇〜三〇メートルも歩くと、最早、まっすぐの道はないのである）、数分後にあったお店で詳しく道を尋ね、数回曲がったり坂を登ったりで漸く到達した。直進どころか、「蟹の横這い」も必要な道中であった。寺院は新しく（三四頁）、比較的小ぶりの本堂に入ると、圧倒されるように大きな、飛鳥時代の国宝白鳳仏が座しているのだった。まさに、肌の感じが深大寺の白鳳仏と同じだなぁ、と感じながら拝観させて頂いた。

早速ご住職に白鳳仏の掲載許可を得て、奈良に向かった。

とにかく、高麗寺跡といい、蟹満寺といい、往時を偲ぶには、寂しすぎる光景でもあった。

奈良に着いた後、その足で高畑町にある『新薬師寺』を訪れた。ご住職にあいさつした後、蟹満寺の白鳳仏の写真をお見せすると、

「(深大寺の)白鳳仏とよく似てますね」

という感想を頂いた。

実は、深大寺の白鳳仏が比較としてよく語られるのが、当寺、新薬師寺の《香薬師像》なのである。残念ながら数度の盗難に遭い、現在は、数年前に右手のみが鎌倉市で見つかり(貴田正子さんの『香薬師像の右手』に詳しく解説されている)、現在は奈良国立博物館に保管されている。

これまで、この《香薬師像》や法隆寺・観音菩薩立像(夢違《ゆめたがえ》観音像)との類似点が指摘されているが、筆者には、深大寺白鳳仏の像としてのシンプルさを考えると、この類似仏とされる二像とは、少しの距離感を感じていた。しかし、像の大きさは違うとは言え、何やら深大寺と蟹満寺の白鳳仏がファミリーに思えたのである。

香薬師如来立像（華厳宗日輪山新薬師寺蔵）

翌日、再度、山城郷土資料館を訪れ、細川さん、伊藤さんにお会いして当方の考えをお話ししたところ、奈良国立博物館で開催された『開館一二〇年記念特別展　白鳳』（二〇一五年）図録に白鳳仏が特集されていると教えて頂き、急遽、閉館時間に間に合うように奈良に急行し、滑り込みで同館・ミュージアムショップで無事購入できたのであった。

実際、この図録を購入したことにより、筆者にはもう一つの発見があった。その白鳳仏特集に、もう一点、筆者の目を引きつけた像があったのである。それが一一一頁に示す、正暦《しょうりやく》寺《じ》の伝薬師如来倚像である。大きさこそ違うが、その他の特徴（蟠満寺の国宝白鳳仏と共通しているが）、また〝倚像《いぞう》〟であることも、筆者には両者の類似性が強く印象に残ったのであった。

牛頭天王（祇園寺蔵）

ここで、この正暦寺像が、伝ではあるが「薬師像」と呼ばれている事実である。後ほど述べるが、（調布市にある）祇園寺が狛の流れにあるとすれば、牛頭天王を祀っているわけだが、本地が薬師如来でもあり、祇園寺に古くからある薬師堂がこの事実を物語って

牛頭天王（京都府立山城郷土資料館蔵）

いるようである。なお、祇園寺には閻魔堂もあるが、これは江戸時代の閻魔信仰により建てられたものであるとのこと。

ご住職の話によれば、祇園寺を建て直した際の基礎工事では、地下に平安時代以前の土器など埋蔵物が多く、三〇センチ以上は掘らなかったという。上層でも土器が出土したそうで、現在は祇園寺に保管されている。

なお、この祇園寺のある地域は古来【佐須《さず》】と呼ばれていた。この佐須に関する『武蔵名勝図会』の記事を一三七頁に示す。

また、佐須にある虎狛神社が現れる『延喜式神名帳』を下に示す。すでに述べたように、この【虎】は明らかに日本の外からもたらされたものである。この祇園寺の草創の伝承に「虎女」が登場するが、この虎女に関する伝承は日本の他の地域にも存在する。

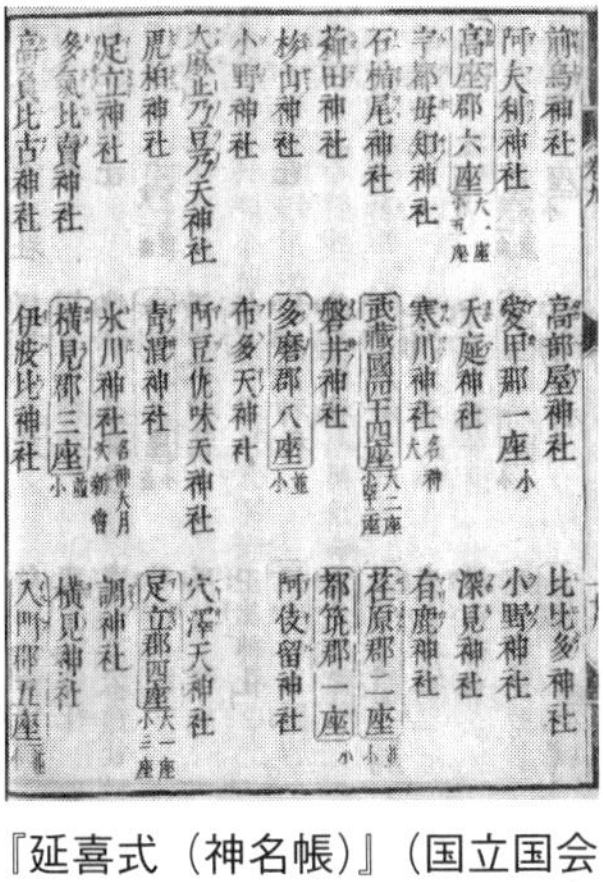
前鳥神社
阿夫利神社
高座郡六座 大一座 小五座
宇都母知神社
石楯尾神社
薭田神社
杉山神社
小野神社
大麻止乃豆乃天神社
虎柏神社
足立神社
多氣比賣神社
高負比古神社

高部屋神社
愛甲郡一座 小
大庭神社
寒川神社 名神大
武蔵國四十四座 大二座 小四十二座
磐井神社
多磨郡八座 大一 小七
布多天神社
阿豆佐味天神社
青渭神社
氷川神社 名神大 月次新嘗
横見郡三座 小
伊波比神社

比比多神社
小野神社
深見神社
有鹿神社
荏原郡二座 並小
都筑郡一座 小
阿伎留神社
穴澤天神社
足立郡四座 大一座 小三座
調神社
横見神社
入間郡五座 並小

『延喜式（神名帳）』（国立国会図書館デジタルコレクション）

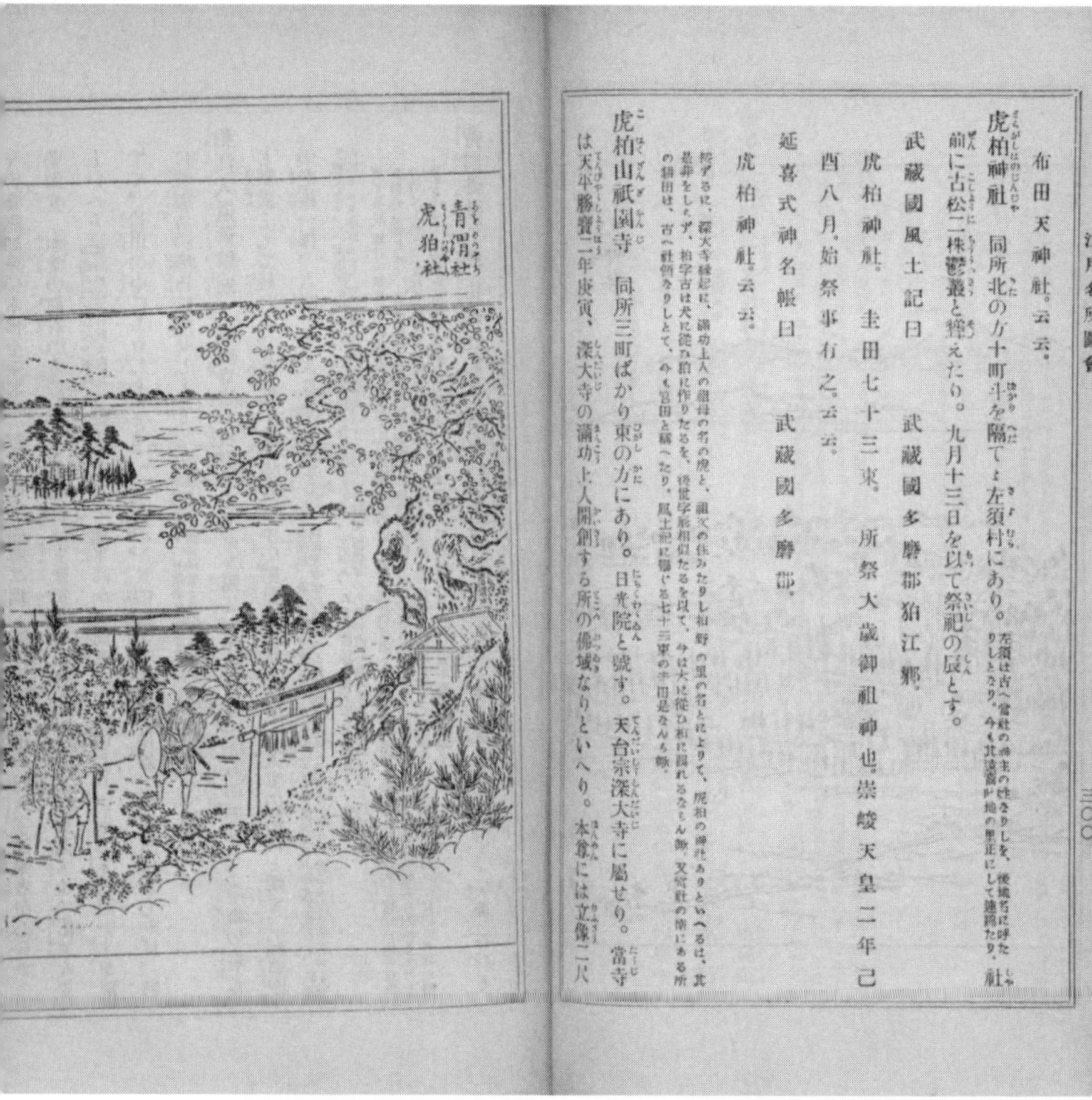

布田天神社。云云。

虎柏神社《こはくのじんじや》　同所北の方十町斗《ばかり》を隔《へだ》てゝ左須村《さすむら》にあり。左須は古へ當社の神主の姓なりしを、後號村に呼たりしとなり。今も其遺蹟の地の里正にして連綿たり。社前《しやぜん》に古松二株《こしようにしゆ》欝叢《うつそう》と聳《そび》えたり。九月十三日を以《もつ》て祭祀《さいし》の辰《しん》とす。

武藏國風土記曰　武藏國多磨郡狛江郷。虎柏神社。圭田七十三束。所祭大歳御祖神也。崇峻天皇二年己酉八月。始祭事有之。云云。

延喜式神名帳曰　武藏國多磨郡。虎柏神社。云云。

按ずるに、深大寺縁起に、滿功上人の祖母の名の虎と、祖父の住みたりし柏野の里の名とによりて、虎柏の神社ありといへるは、其是非をしらず。柏字古は犬に從ひ狛に作りたるを、後世字形相似たるを以て、今は木に從ひ柏に誤れるなるらん歟。又當社の傍にある所の猶田は、古の社領なりしとて、今も宮田と稱へたり。風土記に載する七十三束の圭田是なんも歟。

虎柏山祇園寺《こはくざんぎをんじ》　同所三町ばかり東《ひがし》の方《かた》にあり。日光院《にちくわうゐん》と號す。天台宗深大寺《てんだいしうしんだいじ》に屬せり。當寺《たうじ》は天平勝寶《てんぴやうしようはう》二年庚寅、深大寺《しんだいじ》の滿功《まんこう》上人開創《かいさう》する所の佛域《ぶつゐき》なりといへり。本尊《ほんぞん》には立像《りふざう》二尺

虎柏神社（『江戸名所図会』国立国会図書館デジタルコレクション）

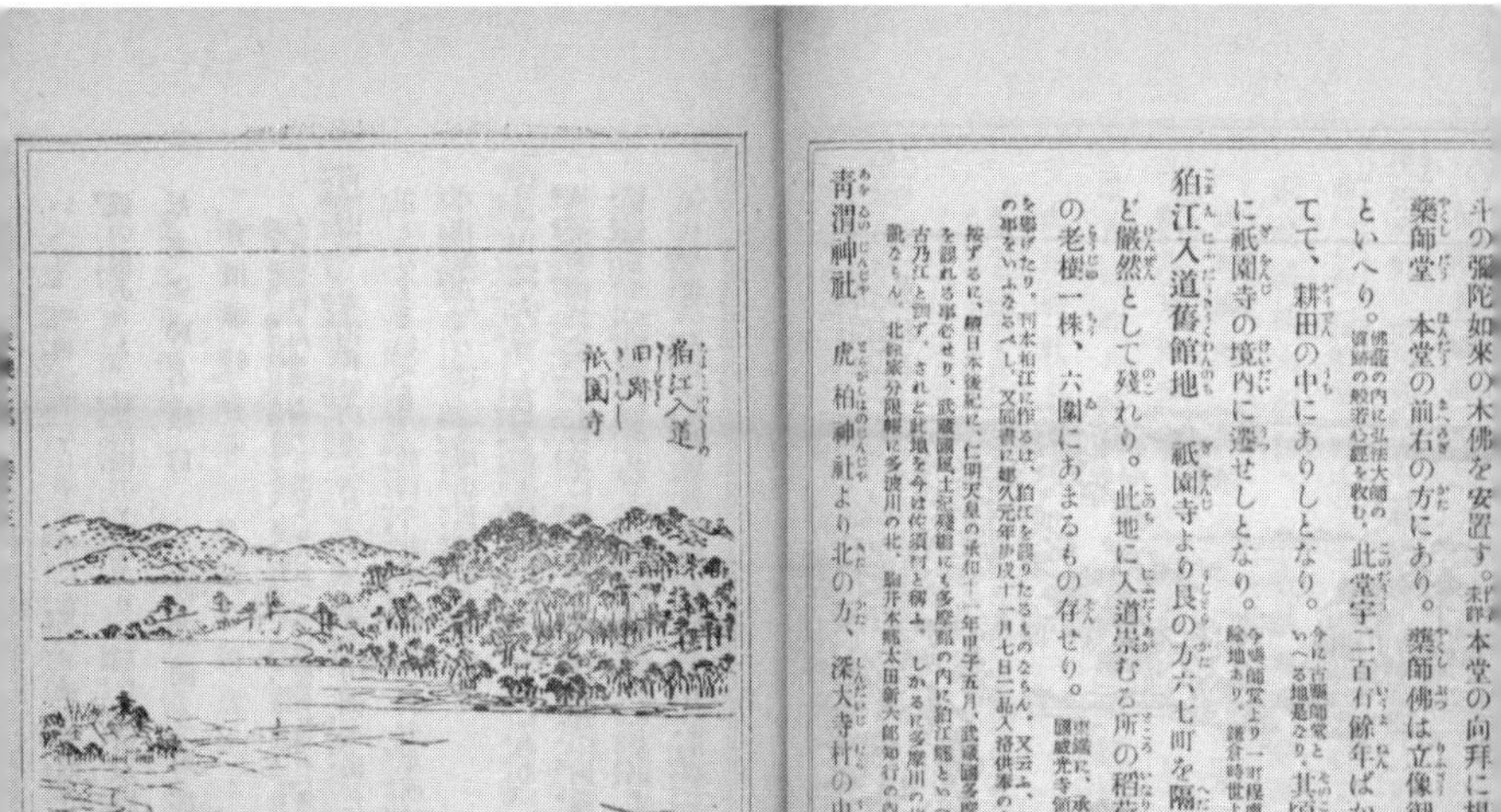

斗の彌陀如來の木佛を安置す。本堂の向拜に掲ぐる所の虎柏山の三大字は筆者をしらず。

薬師堂 本堂の前右の方にあり。薬師佛は立像御長一尺ばかりありて、行基大士の彫造なりといへり。此堂守二百有餘年ばかり前迄は、此地より東南の方三四十歩を隔てて、耕田の中にありしとなり。其頃盗賊の爲に佛器の類を奪はれしかば、終に祇園寺の境内に遷せしとなり。

狛江入道舊館地 祇園寺より艮の方六七町を隔てゝ、二百歩あまりの圃なり。空堀の形など儼然として残れり。此地に入道崇むる所の稲荷の小祠あり。土人里の稲荷と稱す。祠前の老欅一株、六圍にあまるもの存せり。

青渭神社 虎柏神社より北の方、深大寺村の中にあり。土人此地を字して、天神ヶ谷戸と

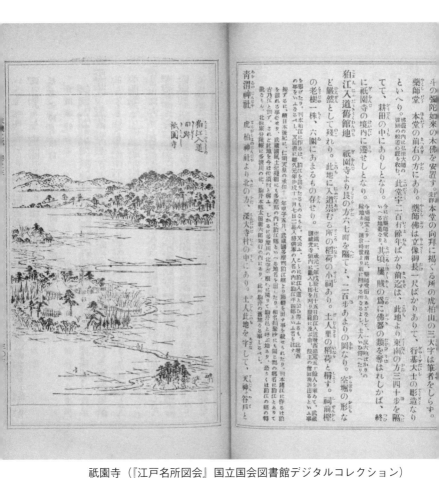

祇園寺（『江戸名所図会』国立国会図書館デジタルコレクション）

佐須という地名について、インターネットで検索すると、調布市以外では唯一、対馬の佐須奈《さすな》という地名が出てくる。そこでこの佐須奈の地名の由来を知りたいと思い、現地に問い合わせると、対馬市教育委員会の渕上さんより、地名の由来について資料を送付頂いた。その中に《佐須》に関して興味のある説があった。以下、その説を引用する。

下県《しもあがた》西方の大部分を占める地域である。その語源はおよそ三つ考えられる。（1）は砂州であり、（2）は切替畑の立木を伐採するをサス、跡地に植樹するをソといい（柳田国男説）、このサスである。（3）は古代朝鮮語で城をサシという。現地大字椎根《しいね》、樫根《かしね》、下原《しもばる》、小茂田《こもだ》にかけて城柵があり、この名の生じた由来とも考えられる。古来大陸との交通路であり、また刀伊《とい》や元寇など数度の外寇を受けた地でもある。

ここで筆者が関連深いと思うのは、（3）の説である。東京都調布市の佐須も八五頁の地図を再度参照すれば、上佐須、下佐須などの地域的拡がりが見える。

もう一点重要なことがある。ここ一〇年ほどだと思うが、古代の渡来人に関する研究報告や著作が多く出版されている。五世紀以降には日本海を渡って朝鮮半島から多くの人々が来ていたという。さらに六世紀には『日本書紀』や以降の文書にも記録が残されている通りで、一説によると当時、日本の人口の二〇パーセント程度は渡来系であっただろうとのことである（本内容は、国分寺市文化財愛護ボランティア佐々木氏にご教示頂いた。氏は武蔵国分寺の発掘にも参加され、渡来人の歴史に造詣が深い）。

第四章

「ジンダイジ」城とは何だったのか？

——定説「深大寺城」の謎解き

前章の最後で、【佐須】に関する対馬における由来について紹介した。

ここで少し想像を逞しくしてみると、新たな視点が開けてくるのである。それは誠に興味深いものである。前章最後で述べた、「サス」が城を意味していると考えれば、これまで筆者が不可解に思っていた『深大寺城址』に関する疑問が悉く氷解するのである。

まず、次頁の地図を参照すると、調布市の上・下佐須と見られる地域に、「城山」が存在することである。これが佐須に移り住んだ狛氏の城を含む地域であったとしても、何ら不合理は生じないということである。

①現在、一部の歴史学者などの間であたかも定説になっている、【深大寺城址】の新たな解釈が可能になってくるということである。この、いわゆる〝深大寺城〟は、歩いて数分のところにある「深大寺」に関連する記録などに、戦国時代の城としては一切現れない。もし、定説のように、戦国大名「扇谷上杉氏」のような名門が陣取っていたとすれば、大小は別として、深大寺に関連する記録や伝承に現れても不思議はない。いや、現れるべきであろう（一部、深大寺の堂における上杉勢の記録などは見られる。しかし、これはあくまで〝堂〟であり、城ではない）。

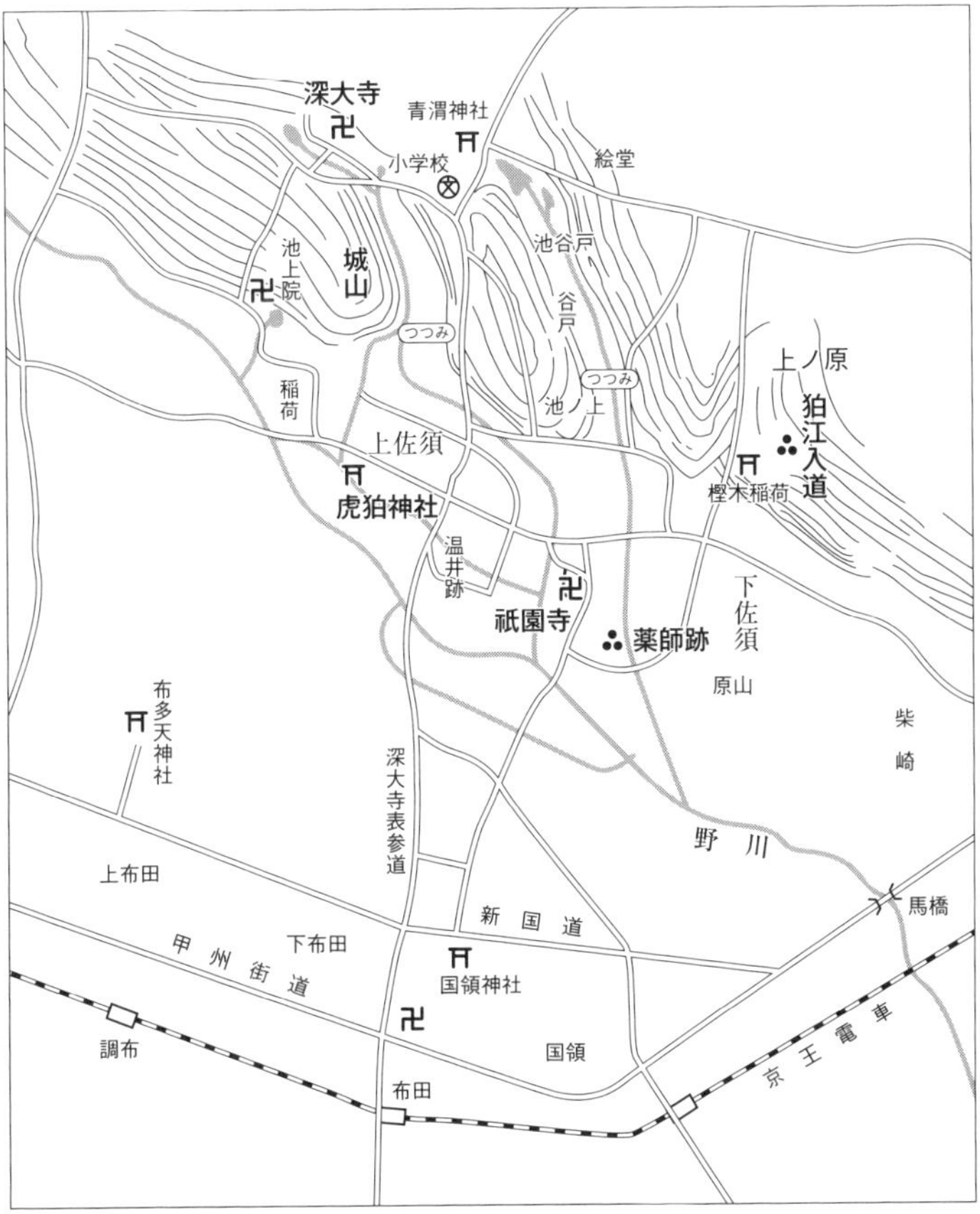
深大寺
青渭神社
小学校
絵堂
池上院
城山
池谷戸
谷戸
つつみ
つつみ
上ノ原
稲荷
池ノ上
狛江入道
上佐須
虎狛神社
樫木稲荷
温井跡
祇園寺
薬師跡
下佐須
原山
柴崎
布多天神社
深大寺表参道
野川
上布田
馬橋
新国道
甲州街道
下布田
国領神社
調布
国領
布田
京王電車

②定説のように、戦国時代の城や砦と解釈するには、守りにくく、攻められやすい、という印象である。他の、例えば八王子城などと比べるべくもなく、戦国時代の戦に備えるとすると《ちゃっちい》のである。堀も浅いし、土塁も低い。また、建物跡も、その広さは陣が張れるような広さとは到底考えられない。

③発掘調査も二回ほど行われているようであるが、めぼしい出土品などは出ていない。

④『深大寺城』と記述された過去の文書などは、筆者の調べた範囲では見つけることはできなかった。すなわち、最近になってそう呼んでいるだけであろう、と想定される。

⑤一部には、狛氏の館ではなかったか、とする説も存在する（前出、『多摩の歴史をさぐる』などを参照）。

以上を勘案すると、この【深大寺城址】は、古代、狛氏の移住とともに整備された地にあった砦（後述するように多摩川を一望して見渡せた場所でもあり、何らかの監視・通信用に使用された可能性もある）のようなものと解釈すれば何ら不都合は生じない。その後は時間とともに、特に歴史的意味を持つものではなくなったと推測される。

対馬における佐須に関して興味ある著作がある。『天智朝と東アジア　唐の支配から律令国家へ』であり、この中で中村氏は、「朝鮮式山城の築造」（同書九五頁以降）の中で、朝鮮式山城の軍事的意味合いとして、当時、白村江の戦いの敗戦後、唐・新羅軍に対する防衛力整備のために築かれた山城について述べている。この中で、

「戦略的に考えても、対馬―筑紫―長門―讃岐―大和の各地に山城が一つずつできたとしても、どのような防衛力を発揮できるというのであろうか。唐軍はそれら諸城を無視してもなんら問題ない。高句麗の厳しい山城に比べれば、にわか造りで、兵力のさほどない朝鮮式山城など、突破するのに痛痒を感じなかったかもしれない」

とし、

「立地からいうと、『烽火《のろし》』などの通信施設としての意義というのも非常に高かった」

という、赤司氏の『岡山例会シンポジウム　激動の七世紀と古代山城』（六一書房）における見解を引用されている。

なお、現在の地図に示されている対馬の城山（現地では『じょうやま』と呼ぶ。ただし、この読みは後世になってからとのことである）は『金田城《かなたのき》』と示されているが、これは下県の北であり、若干、佐須地域と離れているようにも見える。ただし、この件について、『古代史の鍵・対馬　日本と朝鮮を結ぶ島』によれば、この金田城とされている場所から城を示すものは何も発掘されてはおらず、佐須地域にはいくつかの城跡を思わせる遺構があるとのことで、これに従えば、対馬下県のまさに「佐須」の主要部にあったことになり、調布市の佐須辺りと極めてよく似ていると言える。

以上を参考に、調布市の佐須にある城山（江戸時代やすでに述べた郷土史家の地図にもある）の意味合いが見えてくる。筆者がすでに述べたように、ここの城山（古来城山と呼び、現代、〝深大寺城址〟と呼ぶ向きも多い）の立地や地勢上の観点から見ると、

①城山からは、多摩川まで一望できる

②多くの兵士が陣を張ったり、駐留していた建物の痕跡はなく、ごく小さな建物の柱の痕跡がある

③（すでに述べたように）ここで有力な大名などが関係したという記述は深大寺の文書

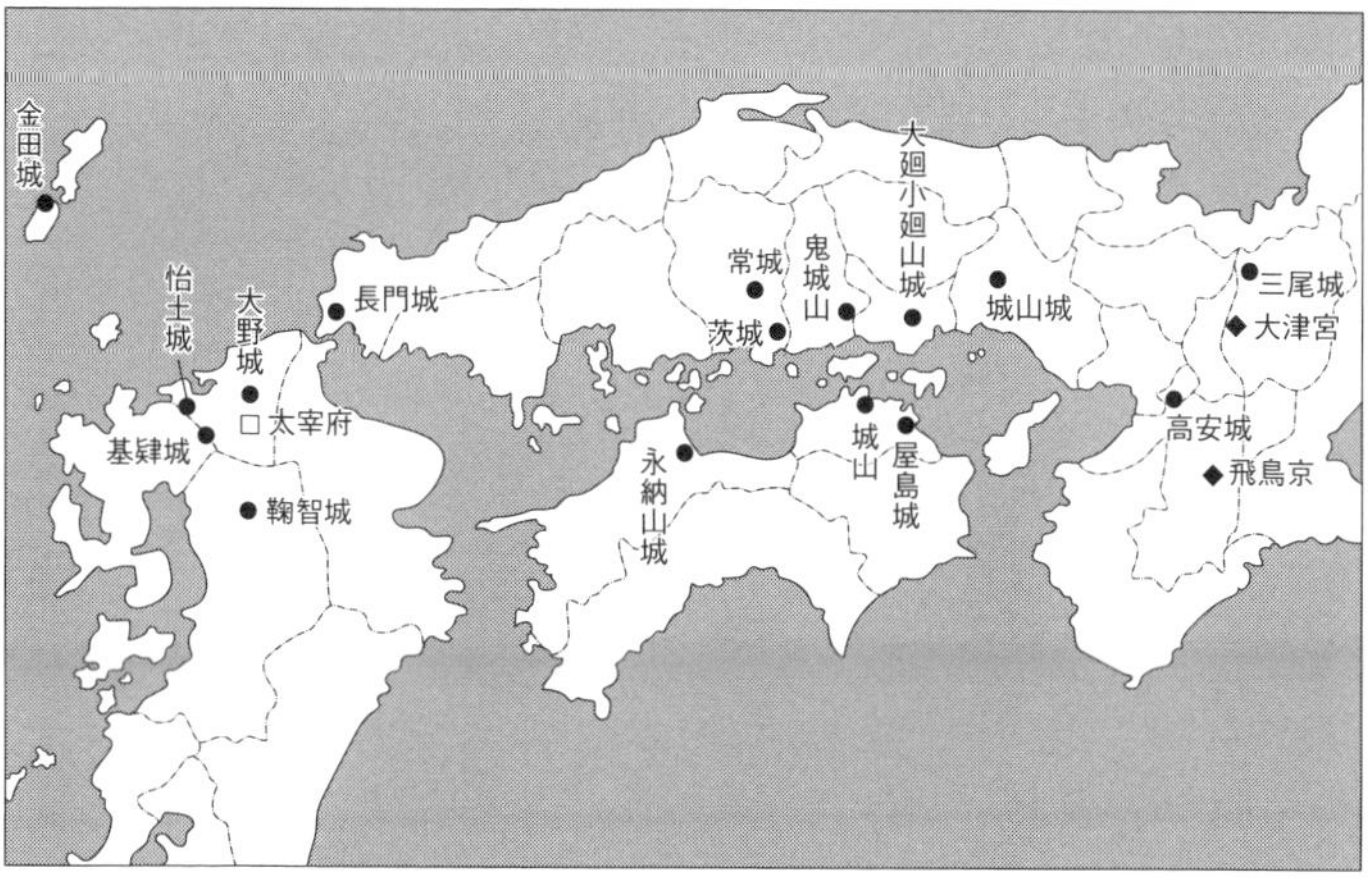

朝鮮式山城の分布
（中村修也『天智朝と東アジア　唐の支配から律令国家へ』より作成）

を含め全くない

ということを重ね合わせると、対馬の佐須の意味合い通り、城山を築いてはいるが、防衛や攻撃のために築かれたものではないということが容易に結論づけられる。

むしろ、多摩川までを見渡し、近くの狛江などの地への何らかの通信目的（烽火など）で使用されていたのかもしれない。

参考までに上に西日本の朝鮮式山城の分布図を示した。「城山」という名のつく山城がいくつか見られる。

また、対馬における下県地域にある「城山」の例を左に示す。この地図は下県、すなわち、すでに述べた佐須地域である。調布の佐須地域の、まさに《佐須》と《城山》の組み合わせである。

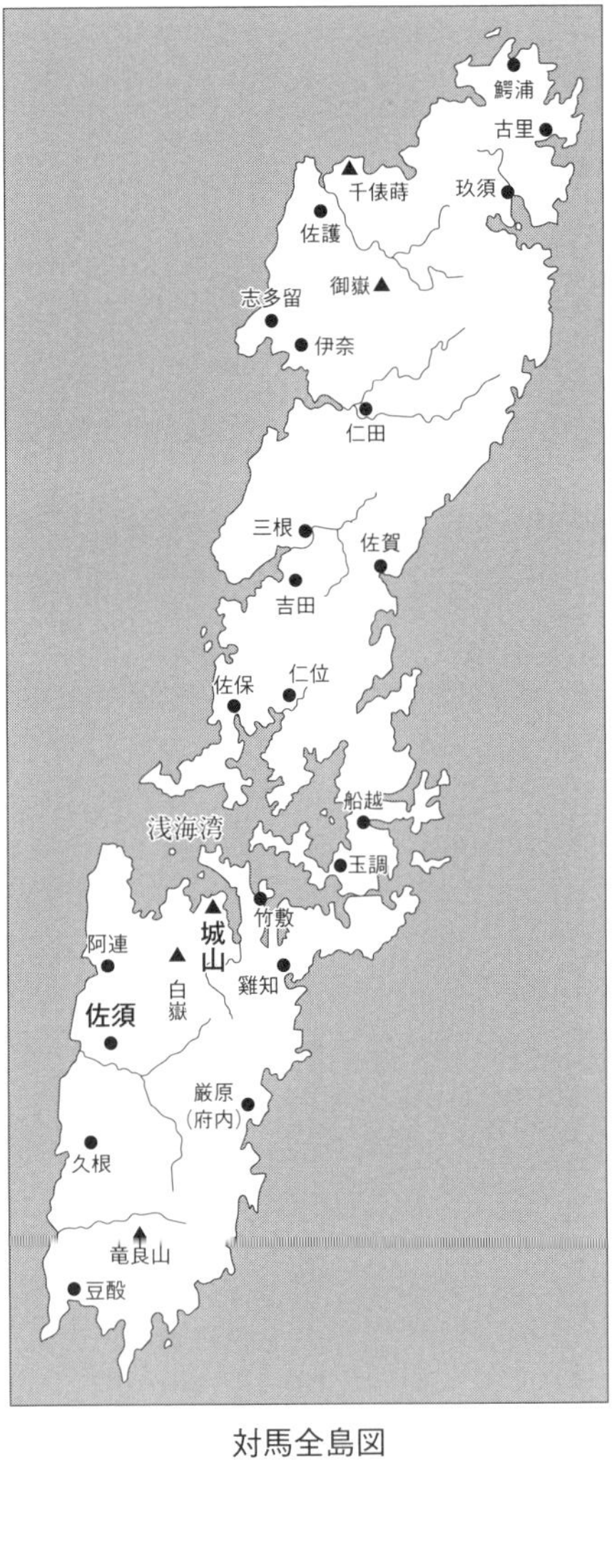

対馬全島図

七世紀頃に調布の佐須において築かれた城山に、戦闘上の意味はほとんどなく、古代、寺院や地域の区分けを示すために浅い堀状のものを造ったのであろう。このような堀状の溝は武蔵国分寺にも見られるものである。まさに、武蔵守高麗福信の頃に狛・高麗の人た

郵便はがき

料金受取人払郵便

新宿局承認

1409

差出有効期間
2021年6月
30日まで
(切手不要)

1 6 0-8 7 9 1

141

東京都新宿区新宿1－10－1

(株)文芸社

愛読者カード係 行

ふりがな お名前			明治 大正 昭和 平成 年生 歳
ふりがな ご住所	□□□-□□□□		性別 男・女
お電話 番 号	(書籍ご注文の際に必要です)	ご職業	
E-mail			
ご購読雑誌(複数可)		ご購読新聞 新聞	

最近読んでおもしろかった本や今後、とりあげてほしいテーマをお教えください。

ご自分の研究成果や経験、お考え等を出版してみたいというお気持ちはありますか。

ある　　ない　　内容・テーマ(　　　　　　　　　　　　)

現在完成した作品をお持ちですか。

ある　　ない　　ジャンル・原稿量(　　　　　　　　　　　　)

書　名				
お買上 書　店	都道 府県	市区 郡	書店名	書店
			ご購入日	年　　月　　日

本書をどこでお知りになりましたか?

1.書店店頭　2.知人にすすめられて　3.インターネット(サイト名　　　　　　)

4.DMハガキ　5.広告、記事を見て(新聞、雑誌名　　　　　　)

上の質問に関連して、ご購入の決め手となったのは?

1.タイトル　2.著者　3.内容　4.カバーデザイン　5.帯

その他ご自由にお書きください。

(　　　　　　　　　　　　)

本書についてのご意見、ご感想をお聞かせください。

①内容について

②カバー、タイトル、帯について

弊社Webサイトからもご意見、ご感想をお寄せいただけます。

ご協力ありがとうございました。

※お寄せいただいたご意見、ご感想は新聞広告等で匿名にて使わせていただくことがあります。

※お客様の個人情報は、小社からの連絡のみに使用します。社外に提供することは一切ありません。

■書籍のご注文は、お近くの書店または、ブックサービス(0120-29-9625)、セブンネットショッピング(http://7net.omni7.jp/)にお申し込み下さい。

ちの協力を得て造営した武蔵国分寺であり、同じ狛の人たちが築いた調布・佐須の城山にも同じ構造が見られるのも不自然ではないだろう。

以上、前作では述べられなかった「ジンダイジ城」についての新たな知見を得たが、これも大きな成果であった。

本書の校正作業をしていた六月上旬、ちょうど湿性草花の時期となっていたので、久しぶりに〝深大寺城祉〟のある、東京都水生植物園を訪れ、菖蒲など咲き誇る花をめでた。帰りに、ふと、園入口にある案内板を見ると、城址が「城山」と記載されていた。筆者はこの表示は初めて見るような気もしたが……。

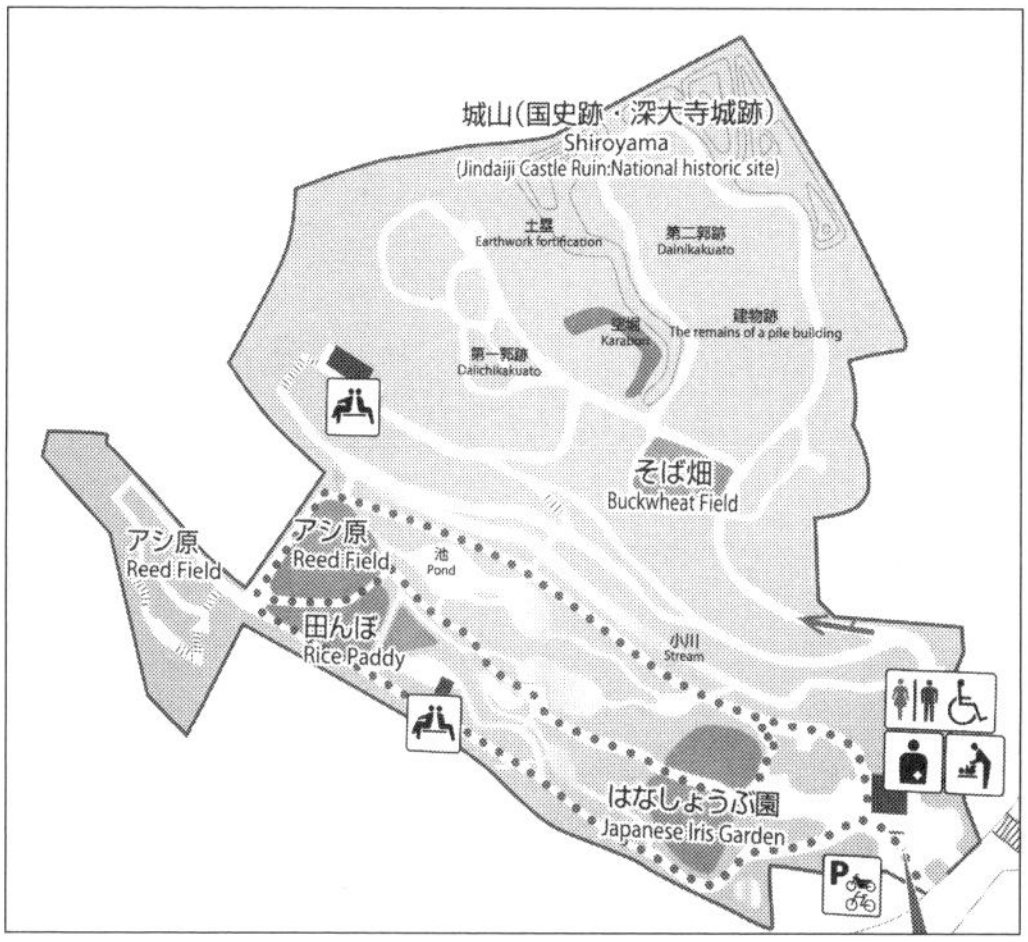

第五章

武蔵国古刹深大寺の草創

武蔵の南部にある調布市には、東京で二番目に古いと言われる古刹深大寺がある。近年、テレビ番組で取り上げられることも多く、比較的都心からも近い場所にある。かつての武蔵野の面影が感じられ、多くの文人や歌人も訪れ、歌碑なども多くある。

もう一つ、各地名所に欠かせないのが名物であるが、ここ深大寺には有名な「深大寺蕎麦」もある。訪れる多くの人が、この蕎麦を求めてやってくるのも事実である。最近では、アニメにもなった『ゲゲゲの鬼太郎』で有名な漫画家の水木しげる氏が、長年ここ調布市で著作活動を続けられたこともあり、彼やその作品に関連する店を訪れる客も多い。さらに、筆者の見るところ、離日前のほぼ財布が寂しくなったと思われる頃の、海外からの観光客も多く訪れている。

ここでもう一つ、本書の主要テーマの一つである古刹深大寺の開基について述べておく。現在、深大寺や調布市の公式資料などで公表されている「開基」について見てみる。深大寺が発行している参拝客用配布資料『東日本最古の国宝仏　深大寺』からである。

本資料の冒頭には、「深大寺は、奈良時代・天平五年（七三三）、水の神である『深沙大王』をまつる寺として開かれた」と記述されている。

では、この記述は何に基づいているものか、である。例えば、『江戸名所図会』などによれば、以下のような事実に基づくようである。すなわち、

●正保三（一六四六）年の深大寺の火災により、寺伝来の書物・仏具などの寺宝を悉く焼失し、比叡山（天台宗総本山）の指示により、古記録や古老の言い伝えを頼りに再編されたものとして深大寺五七世住職辨盛により、一六五〇年「深大寺　真名縁起」（前著一二四頁参照）に作成されたものである

と記載されている。これによれば、深大寺は「四五代聖武天皇御宇……」とあり、聖武天皇の在位を見ると、

●聖武天皇（在位七二四年～七四九年）である

従って、深大寺の資料との齟齬はないようである。もう一つの点は、

◎深大寺は、《神》を祀る寺

まさに、神仏混淆を意味したものである。同時に、

◎深沙大王（「深」は真とも、「沙」は砂とも書く）が日本に説話としてもたらされたのは平安時代である

という点である（『深大寺学術総合調査報告書』参照）。

これらを鑑みると、必ずしも、この縁起に記載されたものが「深大寺開創」に関して史実を反映した、ということにはならないようでもある。

そこで、この点をもう少し調べてみると、かねてより知られている、

◎『續群書類従』百三三「長弁　私案抄」

がある。

この長弁（長辮とも書く）、深大寺僧で花光坊長弁と称し、現本堂の本尊、宝冠阿弥陀如来像胎内に重要な墨書があり、長辨が永享八（一四三六）年にこの像の修補を行い、法印という僧階に叙せられ、深大寺

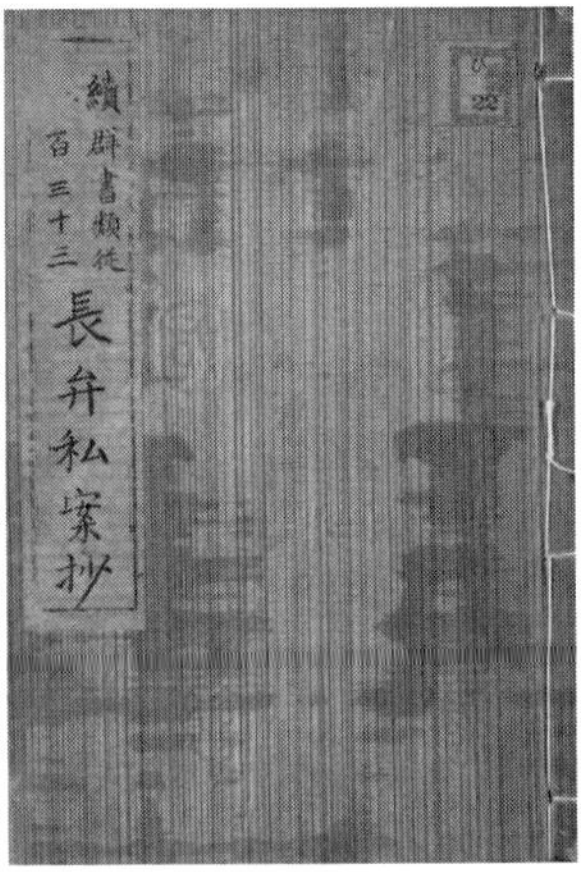

『長弁　私案抄』（『続群書類従』国立国会図書館デジタルコレクション）

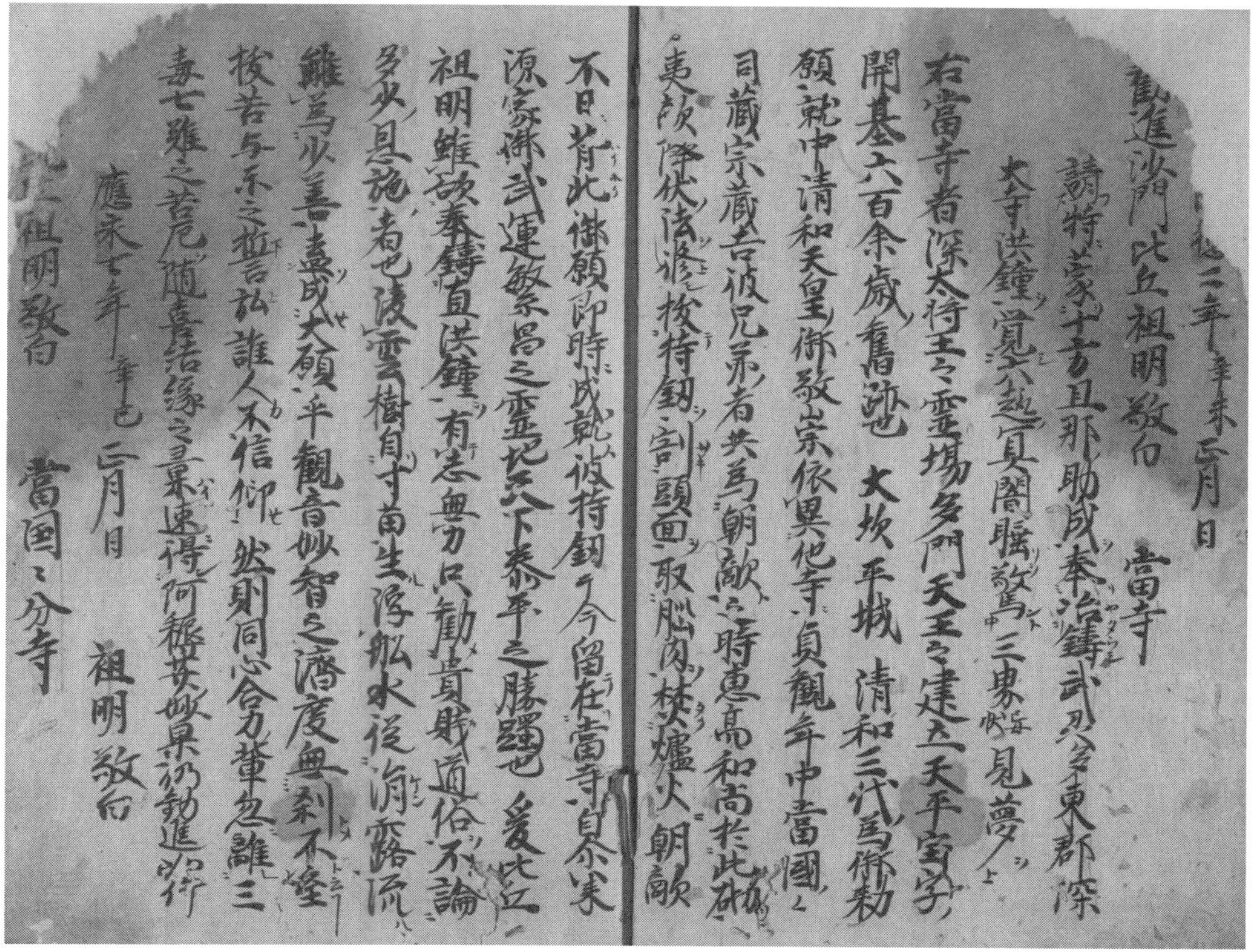

『長弁　私案抄』（『続群書類従』国立国会図書館デジタルコレクション）

の第五二代住職となった。

私案抄は、南北朝・室町時代五十余年にわたって書き留めた祈願や勧進などの文章五七編を集めた文書である。

これによると深大寺の草創は、

◎大炊（淳仁）天皇の勅願所として天平宝字六（七六二）年

とされている。この記載は、

◎應（応）永十三年十月

となっているので、

◎一四〇六年（室町時代・第一〇〇代後小松天皇の時代）

である。

先に示した「深大寺真名縁起」の記述とは明らかに異なる。

しかし背景を考えると、私案抄は深大寺住職ともなった僧・長弁（辨）が書いたもので

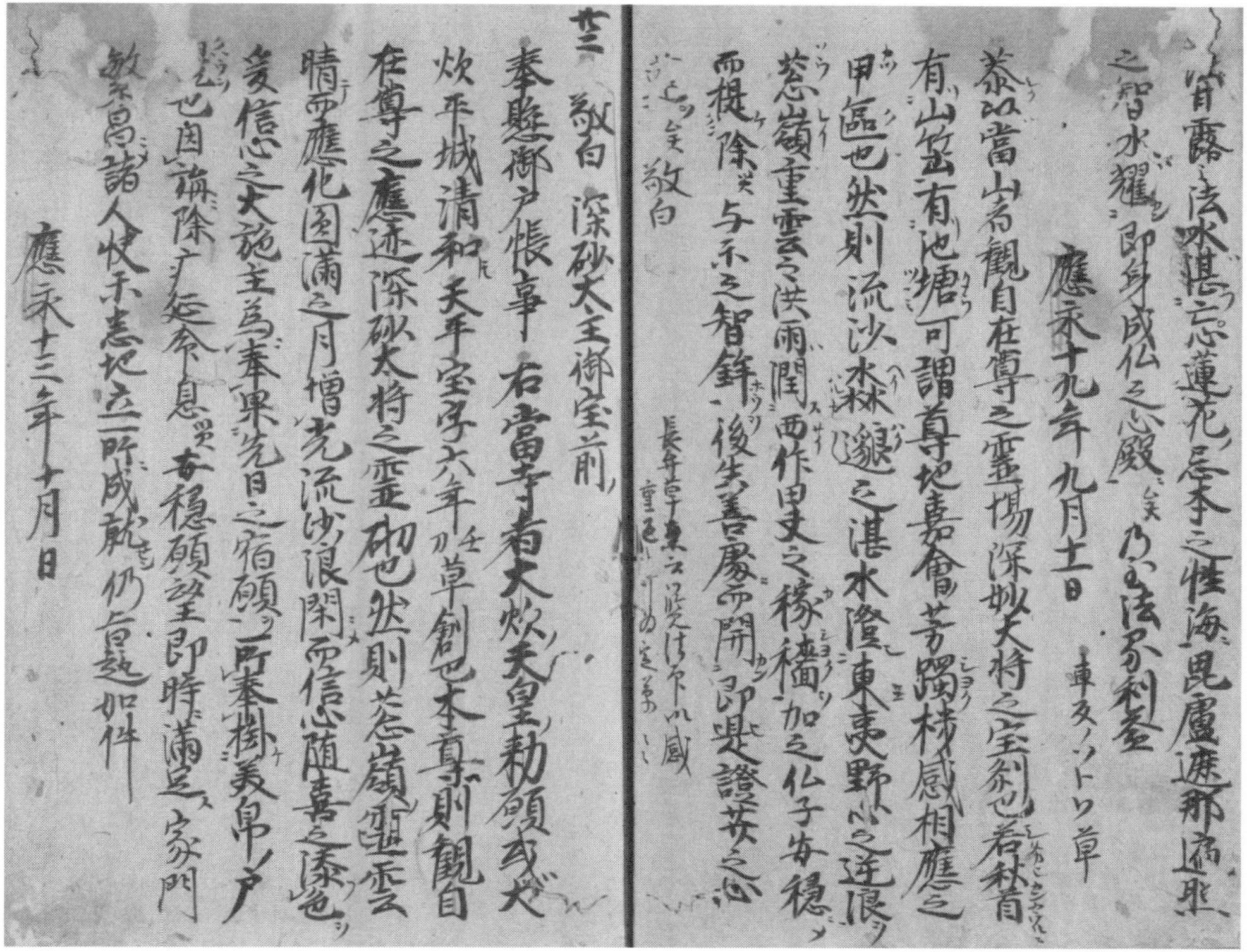

『長弁　私案抄』（『続群書類従』国立国会図書館デジタルコレクション）

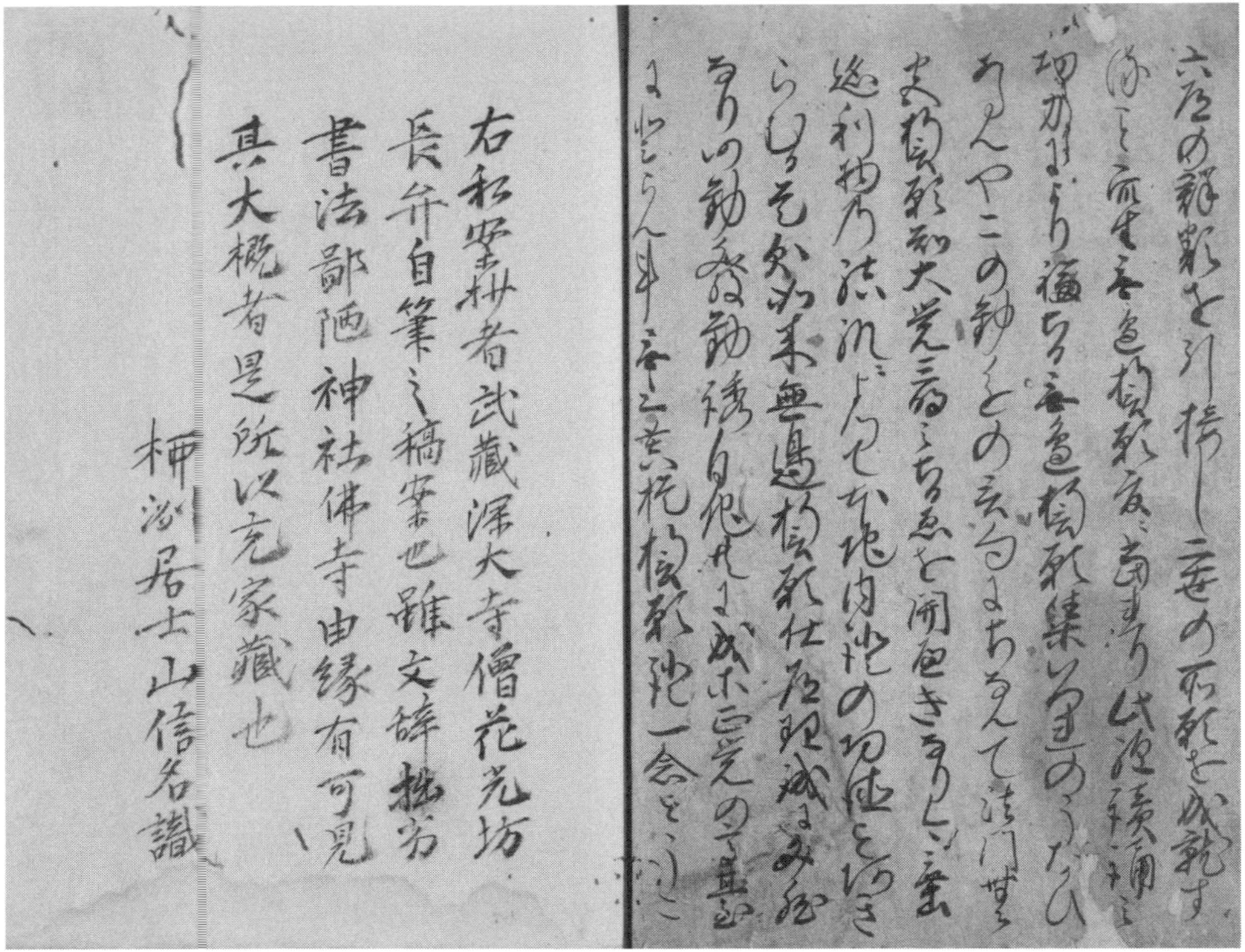

『長弁　私案抄』（『続群書類従』国立国会図書館デジタルコレクション）

あり、真名縁起のように火災の後に記載したものではない。それより二〇〇年以上前に記したものである。後に、焼失したと言われる記録・文書なども当然見る機会は十分あり、かつ住職であればその関心は十分すぎるほどあったに違いない。

「真名縁起」では、古記録や古老の話に基づいたということで、約九〇〇年前の史実を正確に書くには困難があったかもしれない。大炊（淳仁）天皇は在位七年間（七五八〜七六四年）と聖武天皇の二六年間に比べて短く、また藤原仲麻呂の乱に連座して淡路島へ流罪・殺害されるという、ある種、悲劇的な運命をたどっていることや、聖武天皇が国分寺の建設など地方にまで聞こえた政治的・宗教的影響力を持っていたことを重ね合わせると、現在のように確認する手段を持たない当時にこのような誤認があったとしても仕方ない面があったとも考えられる。

以上から、筆者は深大寺の開創（草創、開基）について、

●天平宝字六（七六二）年

と推定するのが、現時点では最も合理的な理解と判断する。

後の章で述べるように、開創を天平宝字六年とすると、様々な状況が実にうまく説明できるのである。

以上、本章では証拠を挙げながら、武蔵国古刹深大寺の開創について新たな知見を与え、次章以降の準備が整った。

なお、巷間語られている深大寺関連の年表を付録に示しておく。

もう一点追加すると、同じく『私案抄』の中で、深大寺は大炊・平城《へいぜい》・清和天皇の勅願所であったとも記されている。この《大炊天皇》という名称が書かれている古文書を筆者は『私案抄』以外に見出せていない。例えば、『続日本紀』には《淳仁天皇》とされているが、これは明治三年に与えられた諡である。活字（活版）で記されているこの『続日本紀』は、明らかに明治三年以降の後世に作られたものである。その点はご注意ください。

また、平城天皇は、上皇になった後、天皇と対立して挙兵したが成功せず、薙髪《ていはつ》している。

そして、清和天皇の御代の貞観年間には、二〇一一年に起きた東日本大震災と同規模の地震があり、巨大津波も発生していた。

その意味では、決して東日本大震災は予測できなかったものでもなかったのではないか。歴史的に見れば繰り返し起きているのだから……。

第六章

武蔵国古刹・国宝白鳳仏のミステリー

すでに述べたように、深大寺（国宝）釈迦如来倚像については、これまでその出自や深大寺への足跡については不明とされてきた。しかし、筆者の今回の京都南山城への旅とともに、一つの流れが頭の中で整理されてきた。

分かりやすくするために、結論から先に述べてみる。かいつまんで言うと、

①朝鮮半島からの（高麗、もしくは狛氏）の渡来

②（京都府木津川近辺に）狛氏（ここでは高麗も含めてこう書く）の定住

- 伽藍配置を有する寺院の建築
- 仏像の制作（ただし、原材料、特に銅という金属材料をどのように調達したかは触れない）

③武蔵国への狛氏の移住

- 白鳳仏像も②からの移送
- 氏寺（祇園寺）の建立（すでに述べたように祇園寺資料では七二九～七四九年の間、『新編武蔵風土記稿』では七五〇年とする）、仏像の安置

④聖武天皇の詔（七四一年）
・巨万（高麗）福信武蔵守となる（七五六年）
・武蔵国分寺主要部の完成（七五七年頃）
・国分寺の建設（四二頁参照）
・（祇園寺からの国宝白鳳仏）釈迦如来像移設、他
⑤（淳仁天皇の勅願所として）深大寺の草創（七六二年）
……国分寺の没落……
・国分寺からの国宝白鳳仏釈迦如来倚像移設
その後、淳仁（大炊）天皇の殺害（七六五年）へと続き……現在に至る。

これらは、巷間言われている深大寺の開基年を七三三（天平五）年とした場合、出てこない推理でもある。さらに、高麗氏が調布市や三鷹市に多いことも重ね合わせると、高麗福信が国分寺造営の聖武天皇の詔（七四一年）を受けて全国に先駆けて国分寺を造営できたことも、これら渡来人、高麗・狛氏の存在を考えると納得できるのである。八世紀の半ばの武蔵国に伽藍を含む寺院建築の技術が確立していたと考えるのは困難であろう。

さらに、本章のテーマである仏像の制作技術がこの地、武蔵国で確立していた、という のも少し無理があろう。先に述べた聖武天皇の詔では、国分寺の建設と同時に、

◎経典

◎如来像

についても述べている。

これに伴い、全国では「薬師如来像」が多く本尊となっているようである。

特に、この頃、聖武天皇の眼病の平癒を願う光明皇后が新薬師寺を建立し、ここに薬師三尊像が安置されている。この薬師如来には、薬師像によく見られる『薬壺《やっこ》』が左手に載せられている。このことも後で関係してくるのだが、初期の薬師像は、ほとんどの場合この薬壺は見られないようである（これについては、ガイドの浜口さんからご教示頂いた）。念のためと思い、新薬師寺の薬師三尊像の薬師如来像を見ると、左手には薬壺が存在した（次頁）。この点についてご住職に尋ねてみたところ、「この薬壺は金色に光っていることもあり、おそらく後に付け加えたものだと思います」との見解を聞かせて頂いた。

薬師如来坐像（国宝）華厳宗日輪山新薬師寺蔵
（左手の平に薬壺が見られる）

また、すでに述べた【正暦寺】の薬師如来倚像も同じくこの薬壺はない像である。この点についても、正暦寺の大原様から同様のお話（この仏像には、やはり薬壺がないが、伝承でもこの像が古くから薬師如来像と言い伝えられている）があった。

新薬師寺、及び、正暦寺の仏像については七四頁と一一一頁の写真を参照ください。

そこで、本書を書くに当たって、筆者が皆さんからご教示頂いた白鳳仏に関する資料などを参照して、深大寺白鳳仏に類似点が特徴的に見られる二つの仏像を見出した（もちろん、この他にも特徴が見られる仏像があることを否定はできない。例えば、山田寺の仏頭などもある）。

①蟠満寺　国宝釈迦如来（像高二・四メートル）

②正暦寺　重要文化財薬師如来倚像（像高二八センチ）

二つの白鳳仏の特徴は、

一、螺髪がない

二、白毫がない

という、像体的な特徴が初期の白鳳仏に見られるものとして深大寺白鳳仏・国宝釈迦如来（筆者前著一二三頁参照。インターネットにも多くの写真が掲載されています）と同一である。さらに、（専門家ではないので決定的な議論にはなり得ないのを承知の上で）金銅仏としての肌表面の特徴が素人目にも極めて似ていると言えそうである。

また、②の薬師如来像は倚像であり、この点も深大寺の白鳳仏と同一である。倚像という点で、深大寺の白鳳仏と類似点を感じた二体の仏像も一一二頁と一一三頁に紹介しておこう。しかし、どちらもいまだ調査不足で「白鳳仏」と言い切れないが……。

もう一点は、すでに述べたように、蟠満寺の二トンほどの釈迦如来坐像は安置して以来、ほぼ移動はしていない。即ち、この地で制作されて安置されたものと容易に推察される。しかし、深大寺国宝白鳳仏（像高八三・九センチ／重さ五三キロ）と②の像は、南山城の地から移動したと考えてみるに、移動可能な寸法、重量であった。すなわちポータブルサイズだったから、と考えるのが妥当である。船であれば容易に運搬も可能だったであろう。

これは、狛氏・高麗氏が国内を移動した後、定住した際に氏寺などを建立。その本尊として制作されたと想定され、南山城から移送されたと考えるのは合理的である。すでに言及したように、金銅仏の材料の調達から技術者の必要性など、日本各地に移住した際に制

釈迦如来坐像（国宝）京都・蟹満寺　白鳳時代（写真撮影　飛鳥園）

本尊薬師如来倚像（重要文化財）大本山正暦寺蔵

仏形倚像（如来倚像）東京国立博物館蔵
Image：TNM Image Archives

銅造如来倚像（薬師堂安置）
真室川町役場教育課提供

作工房を容易に移転できたものではないだろうかと想定される。

すでに本章冒頭で述べたように、深大寺の白鳳仏が南山城近くで制作され、狛氏の武蔵国南部（調布市）移住に伴い、氏寺・祇園寺の本尊として安置された後、歴史の流れや高麗福信の存在があって、狛氏・高麗氏のネットワークの中、所在地が移されてきたということである。

深大寺の開基を室町時代の長弁の記述により、天平宝字六（七六二）年と置き直すことにより、合理的に説明できるのである。ここに無理な解釈が入り込んでくる余地はない。

こうやって見ると、時代の流れ（年号）に大きな矛盾はなく、むしろ、年代順に並んでいることからも自然、かつ合理的な説明とも言える。

一つ見逃してならないのは、祇園寺と深大寺の開創は、同じ『満功《まんく》（まんこう、とも）上人』であるということ。また、祇園寺近くでは、祇園寺にある仏像は、お身代わりであるとも言われているという事実である。

さらに、武蔵国の国分寺が建立された時の武蔵守（国司）は、渡来系の高麗福信である。東京都府中市にあった国司跡を見ても、祇園寺周辺の狛氏には距離的にも近く、狛氏・高麗氏のネットワークの中、コミュニケーションは密であったと想定される。ここで、当時

南武蔵の郷名

の南武蔵の郷名を次頁の上に示す（『狛江市史』）。以下、この市史を参考に当時の様子を記述する。

　同図からも明らかなように、武蔵国分寺と狛江郷の距離は非常に近く、また多摩川に沿っての水運も利用できたことは容易に推測できる。

　当時の東国の一部は大和政権にとって、五世紀代から直轄地（名代《なしろ》、子代《こしろ》）であり、政治的には未開の地でもあったので、東国への国家支配を強めるために国司を派遣した。国司はそれまでの国造《くにのみやつこ》や県主《あがたぬし》のような地方豪族ではなく、中央の官僚が任命されて派遣、中央集権化の基盤を据えるものだった。武蔵など坂東八か国には中央集権的な地方行政単位が置かれた。国の下には評《こおり》（ただし、大宝律令以降は「郡《こおり》」）があり、旧国造や地方豪族がその長官（評督《こおりのかみ》・郡司《ぐんじ》）に任命され、さらに最小の行政単位の郷《ごう》（里）に分けられていた。一郷は家父長的家族を単位とする戸《こ》が五〇で編成された。戸は戸長家族、兄弟家族など何軒かの家を含んだ家父長家族の共同体だった。

いつから武蔵国が設置されたかについては、『日本書紀』に渡来人の武蔵国への移住に関する記述があり、武蔵国は「乙巳の変」（六四五年）後、間もなく国として成立したものと推定される。連合体首長（＝国造）によって支配された武蔵の領域は国郡制の武蔵国に引き継がれ、再編成された。

以上を基に考えると、元々、京都南山城からの狛氏の佐須地域への移動に伴い、白鳳仏薬師如来像は、氏寺祇園寺に移送され祇園寺に安置されていたが、国分寺建立に伴い、高麗氏・狛氏ルートで移動され、これが後に深大寺へと足跡を残した、ということである。なお、すでに述べたように、当時、八世紀半ばには武蔵国では仏像制作自体は行われていなかった（行われていたという証拠などは見出されていない）という前提にも基づいている。

一方、筆者は、当時この仏像は、狛氏の本地・薬師如来像ではなかったか、という見解であるが、これを示す一つの記述が『武蔵名勝図絵』に記載されている。

「国分寺伽藍跡

いまに府中領国分寺村と号し、府中駅より北に当たり、行程凡そ廿町許。ここに上古の大伽藍の跡あり。礎は各々大石にて、その跡に列をなし、歴然として上古のままなり。但し、伽藍の二ヶ所あり。丘陵の上にいま薬師堂あり。ここは上古の伽藍の堂跡にて、礎石の間を四間宛置きて、一行に七つ並びにて廿八間なり。横手もこの数の如く並びて、廿八間四面なる金堂なりとみゆ。その礎のところに、いま薬師堂を安置す。その地より南の一段低き地に大石の礎、これもあまた列居し、いまは陸田となり、或は茅生いたるところもあり。大石動かし難く、ここは上古の国分寺伽藍跡なりと云。田圃の傍に古瓦幾ところも積みて塚をなす。扨又、丈六の仏像井に大伽藍の仏閣も、いずれの年に灰燼となりたる事実なと記せるもの見えず。朝政おとろえて、諸国ともに争闘おこり、おのずから腐朽して破壊せしなるべし。中古、文安年中（一四四四―四九）までは仏閣も残りてありしにや。鎌倉公方家の京都下向の砌、宿営をなしたることなどもありけり。その頃までは国分寺と号する寺ありき。

及云国毎に二寺を造立せられ、金光明寺と称し、尼寺を法華寺と号せり。国史にも国毎の寺なれば「国分の二寺」と載せられたるを、諸国みな同じければ末世に至りて終に寺号をば称せず、国分寺と称えて寺号にはなしたれ。上世この両寺は相去ること遠きにあらぬようなれば、法華寺の跡いまだ知れずといえども、国分寺より西に同様の古瓦出るところあり。その地より往昔黒鉄《くろがね》の仏像を掘りだせしゆえ、土人は地名を黒金と唱う。その仏像は六所の社地に安ずるもの是なり。或説に橘樹郡野川村影向寺は旧蹟にし、霊験の薬師を安ず。当国の法華寺の跡はこれなりといえど、また当国の薬師寺なるべしという説もあり。ともに慥かなることは知りがたし」

国分寺の跡地には、江戸時代も薬師堂として、国分寺金堂の跡に建てられていることからも分かる。

要約すれば、深大寺に現存する国宝白鳳仏は、渡来人狛氏により、京都府南山城で（蟹満寺国宝白鳳仏と同じように）制作され、移住に伴い、移住先の氏寺祇園寺（調布市野川沿い）に安置された後に武蔵国・国分寺に移され（律令制の崩壊に伴い、大炊（淳仁）天皇勅願所としての深大寺に移転されたと考えるのが自然であり、合理的でもあろう。

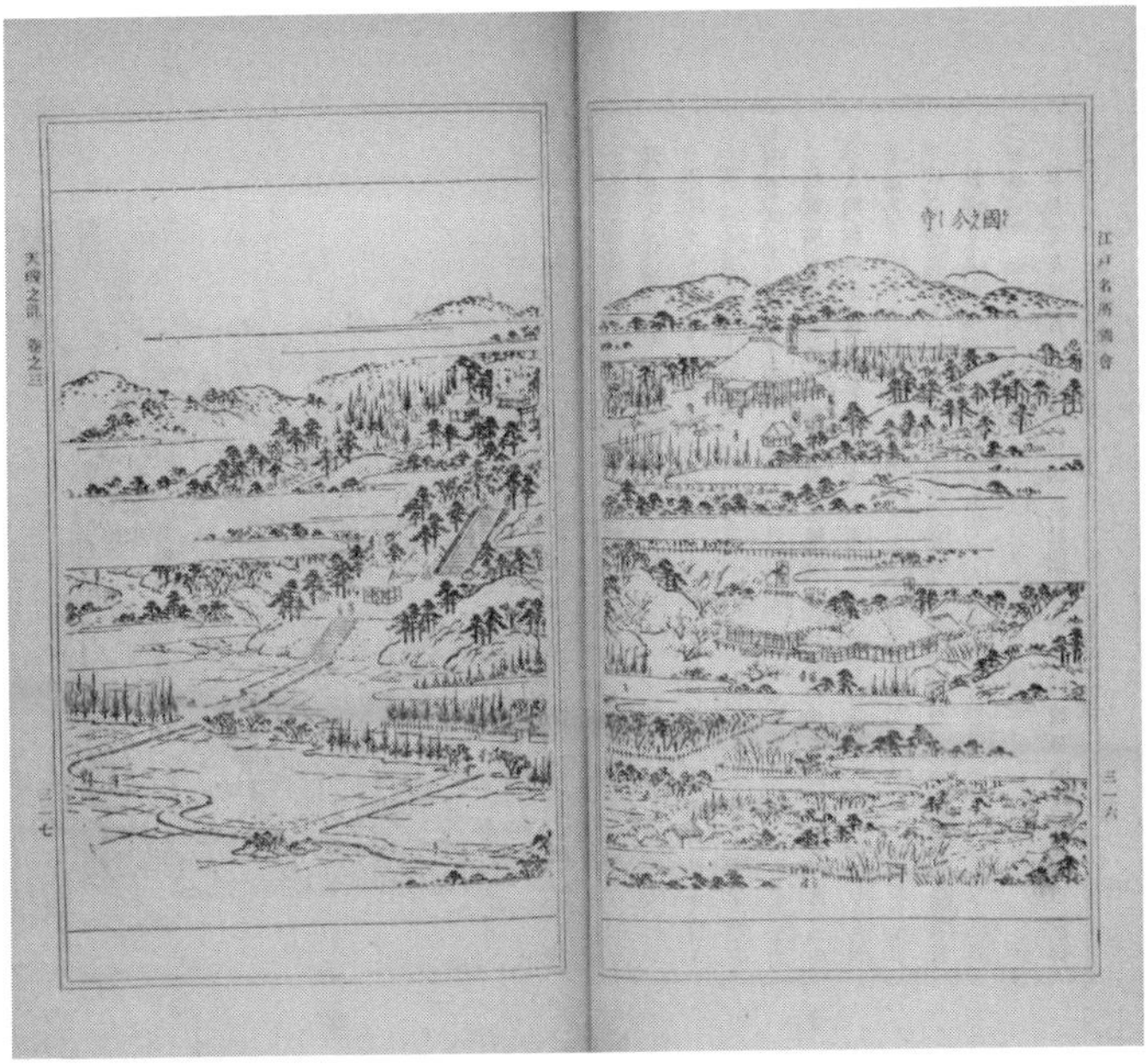

国分寺（『江戸名所図会』国立国会図書館デジタルコレクション）

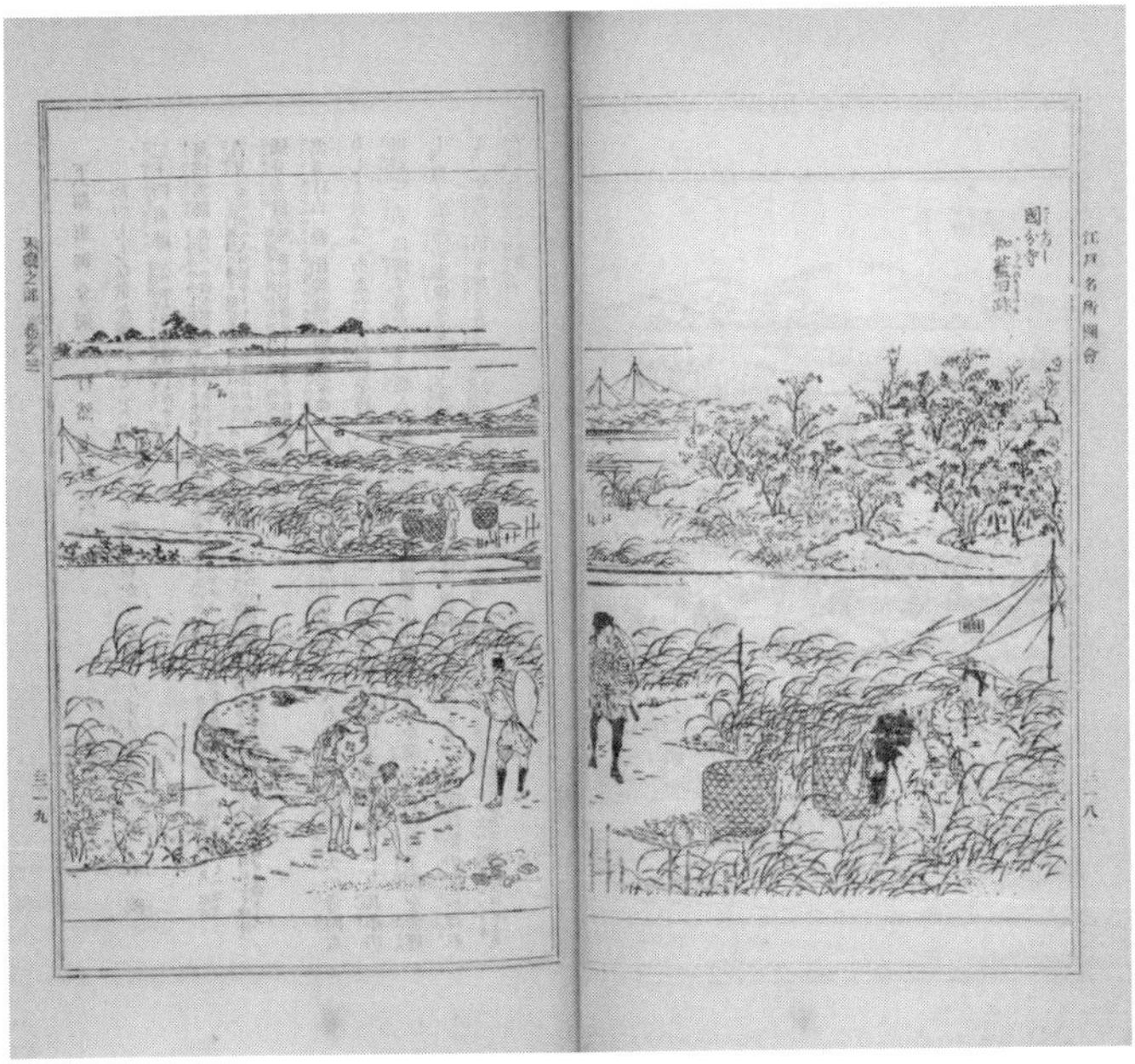

まとめると、これらはすべて狛氏・高麗氏の流れの中で、仏教の武蔵国への伝来と、これに伴う寺院建築や制作された仏像の武蔵への搬入、仏教芸術文化の移転などが行われた結果、ここに登場した武蔵守・高麗朝臣福信や渡来人技術集団による国分寺の建設、南山城から仏像が、

南山城→狛氏寺（祇園寺）→武蔵国・国分寺→深大寺

と移動してきた。

また、この倚像は当初、すでに述べたように、薬師如来として信仰されていた可能性が高いが、この点はそれほど大きな問題点ではない。

すでに述べたように、当時の諸国国分寺に関わった如来像に関する発掘・発見はこれまでになく、以上に述べたことが史実とすれば、国分寺如来として歴史上最初の発見でもある。

なお、諸国国分寺の如来像が一体もこれまで発見されていないことに関して、これらが木像や乾漆像ではなかったか（火災などで現代までは残っていない？）という説もあるとのことである（本説については、国分寺市文化財愛護ボランティア佐々木氏よりご教示頂

いた）。

筆者が訪れた武蔵国分寺跡資料館に展示されていた、『銅造観世音菩薩立像』（東京都指定有形文化財・一九八二年　※国分寺跡と国分尼寺跡の間の道路状構の発掘調査で発見したもので像高二八・四センチ）に興味を持った。簡単な説明が添えられていた。

「……作風は法隆寺救世観音立像などと類似すること、白鳳時代の童子形像の特徴があることから、飛鳥時代の古式を残す、白鳳後半（七世紀末〜八世紀初頭）に制作された、最古級の白鳳仏と考えられています」

これを読んで筆者は何か奇異なものを感じた。これだけの仏像が、《東京都指定有形文化財》だからだ。学芸員の方に質問をさせて頂いたところ、当時の調査報告書（武蔵国分寺跡発掘調査概要14／一九八九年三月三一日発行）のコピーを頂いた。これは、当時の東京国立文化財研究所・久野健氏により報告されたものである。この中で、一部を抜粋すると、

「さてそれでは、この観音像制作地はどこであろうか。私は本像のやや素朴な面相の様式や、宝髭の毛筋の表現がきわめて荒っぽい線であらわしているところから、大和地方の制作ではなく、恐らく東国の制作ではないかと推定している。従来関東地方の白鳳仏の遺品

銅造観世音菩薩立像（武蔵国分寺跡で発掘された仏像）
国分寺市提供

としては、三宅島・海蔵寺の観音立像、千葉・龍角寺の薬師如来像、東京・深大寺の釈迦如来倚像等が知られているが、本像は、これらの諸像と比べても一段と古様で、恐らく、現在知られる関東の仏像中では、最も古い遺品ではないかと考えられる」

この像については、材質調査も行われており、約九〇％が銅で、残りの一〇％近くは酸素との化合物であると、調査報告では述べられている（青木繁夫『保存科学』第24号／一九八四年／東京国立文化財研究所発行）。

興味があるのは、筆者の知る、東京都調布市深大寺の国宝・釈迦如来倚像も銅の成分が非常に多いということである（その後調べると、飛鳥・白鳳期の国産と推定される飛鳥大仏以降の金銅仏の銅の含有率はほぼ九〇％以上である）。

これらを総合すると（筆者は仏像についての専門家でもないが）、久野氏や青木氏の評価からも、作風・様式や像の成分などを考え合わせると、まさに国宝級の像ではないだろうか。

さらに、これらの報告の中で、日本産の銅鉱石を用いて作られた（和銅元年は七〇八年）との指摘もあり、出土からすでに四〇年近くも経過しているが、再評価すべき仏像であることもここに指摘しておきたい。

第七章

武蔵における、不思議な古社

すでに述べたように、高麗福信が活躍した時代にも権力争いがあり、有力な皇族や貴族もその権力争いに敗れ、悲惨な運命をたどる者もいた。

ここからは、少し大胆な推理をしながら論を進めていくことをご了解頂きたい。どうしても敗者の歴史について述べるのは気の重いところもある。特に、このような敗者の歴史については、関係者の口も堅いと思われるし、それを調べたり書いたりするのは、意図しなくとも《暴き》のような感触もしてくるのは否めない。

すでに前章で述べたように、武蔵国の古刹・深大寺は、

◎大炊（淳仁）天皇の勅願所

として開創している、と長弁の「私案抄」に記述されている。

そこで、その後の政治情勢について述べると、高麗福信も登場するが、大きな出来事としては、

◎藤原仲麻呂の乱

があった。すでに本書の高麗福信の署名した正倉院文書で見たように、時の権力者とし

てこの藤原仲麻呂が筆頭に署名している。

しかし時が過ぎゆくにつれて、かの「道鏡」（『正倉院文書』の天平宝字六年の文書にも登場）が、女帝「孝謙天皇」（重祚している）の信任が厚くなる。一説によれば、この女帝は道鏡を天皇に即位させようとしていたそうでもある。これ以前には、

◎藤原広嗣の乱

もあり、聖武天皇が譲位された後も権力闘争は相当激しかったようである。筆者が訪れた鏡神社（隣が新薬師寺である。かつては新薬師寺が別当寺でもあった）は、藤原広嗣邸であったとのことである。この神社の御祭神も広嗣公であり、当時の広嗣公の上奏（天子〈皇帝・天皇〉に意見・事情等を申し上げること）を誇りにしている。

ここからは想像を逞しくするが、深大寺が、

◎大炊（淳仁）天皇の勅願所

であったことを考えると、大炊天皇が廃帝となり淡路島に流罪となって殺害された、ということから、何らかの《弔い》があったとしても不思議はない。

確かに、この調布地域には、ほぼ天皇しか用いないとされる、「一六弁の菊花紋」が飾られた神社や、「一四弁の菊花紋（例えば秋篠宮家はこの一四弁の菊花紋を使っている）」を持つ神社が、それほど遠くない距離にある。小さいとはいえ、それぞれ鳥居を持つ立派な神社である。

現在まで、浅学の筆者にこれらの神社についての知識はほとんどなく、先に述べた仲麻呂の乱に連座して悲劇の生涯を終えた大炊（淳仁）天皇を弔うものであるのかもしれないが、関係者と想定される方たちの口は堅く、ここではこれ以上は触れない。

この二つの神社の写真のみを掲載するに留める。

もう一点は、当時、狛氏が暮らした調布市の佐須地域の地名にあったはずの《狛》という字は、悉く《柏》という漢字に置き換えられているようでもあり、そこにも何らかの意図があったかもしれない（江戸時代の文書には、例えば『新編武蔵風土記稿』などによれば、『文字が似ているので誤って』のような記述もあるが……）。

祇園寺前神社

珍しい鉄製のお狐様

ある会社内で祀られている稲荷

付録

▼▼▼ その後の狛氏について ▲▲▲

狛（高麗）氏の足跡については、地域名（例えば、埼玉県にあった高麗郡）や地名（狛江など）、さらには高麗姓などに残されているが、奈良時代以降の歴史の表舞台に現れることはなく、現代の京都府木津川市の高麗寺の発掘などにより研究が進み、評価されてきつつある（かつて高麗氏は相模国に上陸し、鎌倉にも地名を遺している）。

また執筆の最終段階で参考にさせて頂いた『京都の歴史を足元からさぐる「宇治・筒木・相楽の巻」』には興味ある史実が紹介されていた。以下、一部を記述しておく。

南山背の古い寺々

ここで扱うのは平城遷都前の飛鳥時代の寺々が多い。とくに飛鳥後期の天武天皇の時代には多くの寺が建立されたとみられる。奈良時代には国分寺とか東大寺、西大寺、観世音寺などが建立されたので、多くの寺が建立されたと思いやすいが、そうではなかったようである。都がに長岡京にあった延暦一〇年（七九一年）に、山背にあった寺々について注目すべき詔が出された。「山背国部内の諸寺の浮図、年を経ること稍《よう》く久しくして破壊の処多し。詔して使いを遣わして悉く修理を加えしむ」（『続日本紀』）

しかし、現代の我々から見れば、その影を見る機会もほとんどなかったわけで、かつて仏教の伝来や、仏教寺院や仏像の制作技術を移転した重要な役割を担った歴史に気付くこともほとんどなかった。

筆者も、たまたま電車で聞いた駅名『上狛』から出発して本書の推理を得ることになったわけで、ある種の偶然の産物に近いものであった。

現地、南山城を訪れても高麗寺跡は発掘を終えて現在は史跡公園にすべく工事が行われている。再現工事中の金堂跡には現在、柿の木が一本植わっているだけで、筆者が訪れた一二月末には熟れた柿がまだ木に残され、かなりの数の柿の実が落ちて散乱している状態であった。最寄り駅も昼間は無人駅、人通りも非常に少なく道を尋ねるにも事欠く有様で、まさに木津川に沿った河岸段丘の田園風景だけが拡がっていた。筆者が育った田舎の原風景を見ているような感慨にとらわれた。だが現地の人たちはこよなく地元を愛していた。

「周りの低い山々に沈む夕日が美しい」と語られていたのが印象的であろ。

丁度、この原稿を書き終える頃に見たテレビの再放送番組で、その後の狛氏に関係すると思われる室町時代の「上狛、狛秀綱」に出会った。京都府立山城郷土資料館発行の『南山城の歴史と文化』によれば、一五八四年（天正一二年）に三九歳で没した狛秀綱の肖像画（左写真参照）が残されている。狛氏は山城国一揆の中心的な役割を担った国人であるが、狛秀綱は国一揆から一〇〇年後の人物である。

狛秀綱肖像画（西福寺蔵）

すでに書いたように、南武蔵の狛氏は歴史の流れの中で、あたかも意図的に消されたようにその存在が見えなくなっているようである。【狛】は【柏】となり歴史の表舞台からは消えた。一説によれば、本書で一章を設けた『高麗福信』は、〝高麗〟を必ずしも好きではなかったようで、天皇から『高倉』の姓をもらっている。福信は、ヤマト国に同化することに努力したのかもしれない。移住してきた高麗氏・狛氏は特にこれを求めず、数人の官僚を排出。例えば、七六一年に武蔵介（次官）となった高麗朝臣大山、七七八年に高麗朝臣石麻呂などと高麗姓が見える。

その後は、「こま」は各地に地名等として残ってはいるが、大きく政治の表舞台に登場することはなかったようである。飛鳥時代から奈良時代にかけて盛んに起きた政治・武力闘争の中で、少なからず影響を受けたことはあったかもしれないが。

武蔵国には縄文時代、古墳時代以降の非常に多くの遺跡や遺物が発掘され、有力豪族や、当時の朝廷との密接な関連を示すものが残されている。現在も発掘が営々と続けられている。しかしこれまでは、発掘された遺物が各地にバラバラに展示されるなど、評価が地域に限定される傾向にある。東国を俯瞰するような努力がもう少し必要だったかもしれない。

とかく、近畿を含む西日本の歴史が語られることが多く、これでは偏った歴史観に導く可能性が高い。東北地方や北海道で発掘された規模の大きな縄文時代遺跡などに驚嘆の声も聞こえるが、これは「従来発掘されていなかった」というだけであり　一昔前の論調のように「そんなところに文明はなかった」という根拠など何もなかった　ということであろう。

これからは、是非、先人が努力されてきた発掘調査や文書の解読などの成果を、さらに大きな地域的規模で捉える努力をしていく必要があろう。それには、渡来人たちが発展させてきた技術を、各地に伝承してきた事実に着目していくことも重要であろう。

なお、狛氏の名前は鎌倉時代に制作された『春日権現験記絵』（巻六など）に興福寺の舞人・狛秀行としても登場している（関連は不明だが、空白期間でもある）。

『春日権現験記絵』
（国立国会図書館デジタルコレクション）

▼▼▼『武蔵名勝図会』に記された「佐須」と「狛江」▲▲▲

佐須村

府中領狛江郷《こまえのごう》。この郷名を久しく誤りて柏江郷《かしわえのごう》といい古神社の名も虎柏《とらかしわ》と唱う。みな「狛」の字の誤なり。そのことは次に出せり。虎狛神社の社司を佐須豊後と号しけるゆえ、村名を佐須と号する由。その事実不詳。社司佐須豊後が子孫いまに当所の村長にて、深大寺開山などもこの家より出でし由。かの寺の縁起にかかる由緒の旧家なれば、今おも佐須氏を称すべきことなるに、かの家にてはいま貫井を以て氏とする由。この事不審なり。

狛江郷

この郷名は古きことにて、続日本後紀に見えたるを始めとす。狛江というはいまの井の頭の池の名にて、この辺にある大なる沼池ゆえに、郷名に往古より唱えしものなり。井の頭と号することは、御入国以来将軍家自ら顕わし給いしよりの名なり。又云大なる江湖のある国ゆえに上吉は淡海《おうみ》国と号し、その後は近江国と名付けたるが如し。この古き郷中に鎮座の古神社ゆえ、狛《とらこま》の神社と称するなり。古えこの郷の広きことは三、四里もあるべきか。

狛の字をコマと訓ずることは、上古我朝より高麗をさして狛《こま》国といい、かの国へ使せし人に泊朝臣の姓を賜いしこともあり。我朝より狛国と名号するは、彼土を鄙しく称するの謂いなるべし。中華にては三韓の地を濊貊と号す。蛮貊と呼び、或は貊ということも経典に見えたり。この貊も漢の世に一統して朝鮮と号し、その後高麗と号し、明朝洪武廿五年、我朝明徳三年（一三九二）一統して、いまに朝鮮と号す。貊と狛は同音ゆえに、狛《こま》といいしなり。されば、高麗の別称となれり。又、新撰姓氏録に狛人の姓あり。人の名など上古狛麻呂というひとあり。

「続日本紀」云元明天皇和銅四年（七一一）十二月従五位下狛朝臣秋麻呂言、本姓阿部也、
但当二石村池辺宮御宇一秋麻呂二世祖
比等古臣使二高麗国一、即号レ狛、実非二真姓一、請復二本姓一。

武蔵国分寺跡に見る狛江・狛の印の入った瓦

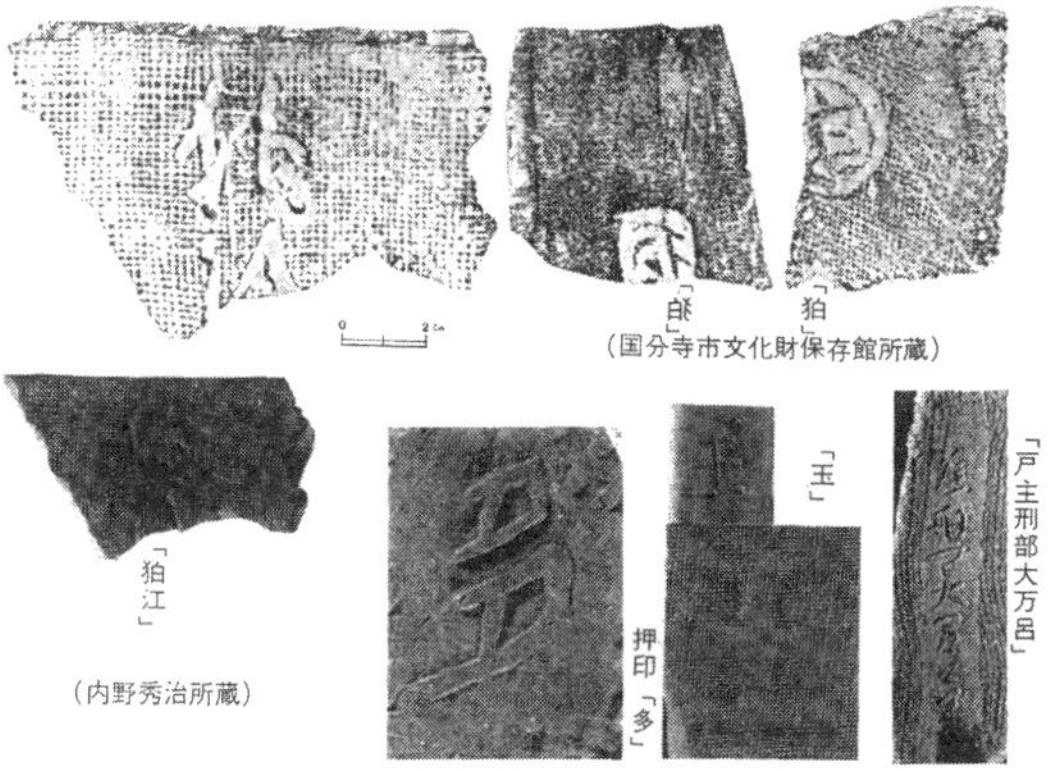

図2-94　武蔵国分寺の文字瓦（国分寺市教育委員会提供）

（『狛江市史』より）

武蔵国分寺跡は広大な地域にまたがり、今や多くの住宅や田畑がつくられ、一部ではあるが遺跡の中を道路が貫通している。それでも、武蔵国分寺の伽藍を想像することはできるし、御堂の基礎工事の版築工法などを断面で見せる工夫がなされている。この工法は明らかに渡来の技術だそうである。

当初、文字瓦が多量に出土した頃には、地元の皆さんもこれらの瓦の欠片を収集されたようである。上の写真の《狛》の文字が見られる欠片も個人の方が所有されていたようである。こ

の地名のほかにも、個人名や役職名が記された瓦も出土している。跡地の公園には、前頁に示すように文様の刻まれた瓦の欠片を使って基壇前の石畳が作られており（左の写真）、千三百年近く前の寺院屋根の上を歩く（？）という状態であるが、地元の方たちは特に意識もなく散策されている。

《深大寺年表》

時代	(年)	深大寺の出来事	(年)	近隣の出来事など
飛鳥			552	百済の聖明王、釈迦像、経倫を献じる(一説に538年)
			645	武蔵野段丘崖に横穴墓がつくられる(この年、大化の改新)
	685	一説に白鳳仏、鋳造される	684	百済の僧尼、俗人男女23人を武蔵国に置く(日本書紀)
			687	新羅の僧尼、百姓男女22人を武蔵国に置く
			690	新羅人12人を武蔵国に置く
			704	武蔵国飢饉(715にも飢饉)
			708	武蔵国秩父郡より和銅を献上、和銅と改元
奈良			714	大風水害により武蔵国など6か国の租調を免ずる
			716	駿河・甲斐・関東5国の高麗人1799人を武蔵国に移し、高麗郡設置
	733	満功上人、法相宗として深大寺を開創(一説に762、757～764)	741	国分寺建立の詔
			752	東大寺大仏開眼供養
	750	満功上人、霊像三体を彫刻、一体を社壇に安置	758	新羅の僧尼34人、男女40人を武蔵国に移し、新羅郡を置く
	750	満功上人、祇園寺を開創	760	新羅人131人を武蔵国に置く
	755	一説に、満功上人、深沙大王像を造立	788	最澄、比叡山寺を草創、後に延暦寺と改める(天台宗)
	786	満功上人寂		
平安			818	相模・武蔵・下総など関東諸国に地震、被害甚大(878にも)
	859頃	深大寺、法相宗を改め、天台宗となる(恵亮和尚による)	843	武蔵国飢饉、水害、干害発生(858・865・883にも)
	985	元三大師寂	927	『延喜式』完成、布多天神社、虎柏神社、青渭神社記載
鎌倉			1208	武蔵国大旱魃
	1267	深大寺深沙堂の銅磐つくられる	1241	幕府、多摩川の水を引き、周辺の新田開発を行わせる
			1333	新田義貞、分倍河原で合戦大勝、鎌倉幕府滅亡

時代	（年）	深大寺の出来事	（年）	近隣の出来事など
室町	1376	深大寺の梵鐘つくられる		
	1382	長辨、深大寺に住み、各地社寺の縁起等を代筆		
	1428－	野火のため、天台七祖像は焼け、元三大師像のみ無事		
	1436	阿弥陀如来像を修復（現本堂本尊）		
	1531	深沙大王像修理	1537	扇谷上杉朝定、深大寺城を改修（一説に1536）
	1532	野火のため、深大寺堂舎灰塵に帰す		
	1561	小田原北条氏、深大寺保護の朱印状を下す	1554	北条氏康、深大寺村を検地
安土桃山	1591	徳川家康、深大寺に安堵状および50石の寺領を寄進	1590	小田原北条氏滅亡、徳川家康江戸城に入る
			1596	多摩川大洪水、流路変更、川沿いの村、段丘上に移転
江戸	1625	深大寺、この頃より檀家物故者の記録が見られる	1604	甲州街道、日本橋～甲府間ほぼ完成、この年大凶作
			1605	関東大風、大洪水
	1646	深大寺火災、縁起、経疏、霊仏、霊宝、諸梵器等焼失	1641	武蔵野地域186か村、尾張徳川家の御鷹場となる
	1650	深大寺真名縁起つくられる	1649	江戸大地震
	1662	深沙大王堂を再建し、深沙大王像修理	1654	玉川上水完成
	1673	深沙大王厨子を新造	1707	富士山噴火、武蔵・相模等被害甚大（宝永山できる）
	1695	深大寺山門を再造	1742	多摩川大洪水、流路移動（1786等にも大洪水）
	1722	深大寺仮名縁起つくられる		
	1815	『武蔵野話』に深大寺の記事と鳥瞰図（以後江戸名所図会等に）	1767	大田南畝（蜀山人）ら、多摩川に遊ぶ
	1829	鐘楼を再建	1783	関東・東北地方飢饉、餓死多数（天明の大飢饉）
	1833	常香炉と上屋建立		
	1865	深大寺諸堂炎上	1803	大田南畝、多摩川堤の修築を巡視
	1867	大師堂再建	1834	近藤勇、上石原村辻（現調布市）に生まれる
			1855	安政大地震。今の調布市域ほぼ全域が天領となる

時代	（年）	深大寺の出来事	（年）	近隣の出来事など
明治	1868	神仏分離令、深大寺村鎮守深沙大王像は元三大師堂に移され、鎮守は青渭神社に改める	1871	廃藩置県。砂川用水から取水許可、深大寺用水が通水
	1870	書院、鐘楼再建	1889	東京市制施行。深大寺村他は神代村となる
			1893	調布町、神代村、神奈川県から東京府に編入
	1907	深沙堂跡に鎮守深沙大王堂跡記念碑を建立	1898	深大寺多聞院跡に深大寺小学校の校舎完成
	1909	柴田常恵、元三大師堂本尊壇下より釈迦如来像（白鳳仏）を発見	1907	多摩川大洪水、被害甚大（1910にも）
大正	1913	釈迦如来像、国宝に指定（古寺社保存法による）	1916	神代村にも送電、電灯がつく
	1925	深大寺本堂再建完成	1923	関東大震災、東京復興のため多摩川砂利を大量採掘
昭和			1935	多摩川原橋完成開通、渡船場次第に消滅
			1939	深大寺北部、東京府から大緑地に指定。調布飛行場建設
	1950	釈迦如来像（白鳳仏）、国の重要文化財に指定		
	1952	宗教法人法施行により、宗教法人深大寺となる		
	1956	門前に新道が開通、周囲の状況大きく改まる	1955	調布、神代両町合併して調布市制施行
	1961	旧寺社領を含む神代植物公園開園		
	1962	動物供養の万霊塔建立		
	1963	梵鐘、重要文化財に指定		
	1967	延命観音像を奥州象潟より移し奉安する		
	1968	深沙大王堂再建		
	1974	大師堂改修、翌年客殿落成		
	1976	釈迦堂落成		
	1982	本堂と大師堂間の渡り廊下改築		
	1983	開創1250年記念法会奉修		
	1987	開山堂建立		

高麗福信関連年表

西暦	天皇	福信・高麗一族	坂東・武蔵	中央・一般
六六三	天智	百済滅亡		
六六八		高句麗滅亡		
六八六	天武		武蔵国行政区画として定まるといわれている	
七〇一	文武			大宝律令成る
七〇三		高麗若光、王姓を賜わる	武蔵初代国守引田祖父着任	
七〇六				藤原仲麻呂誕生
七〇八	元明		秩父郡より和銅を献上	
七〇九		背奈福信誕生		
				唐の玄宗皇帝渤海独立を認める
七一六	元正	高麗郡設置 （この頃福信、伯父行文に伴われて京に上る）		
七二三			常陸国那賀郡大領宇治部直荒山私穀三千石を陸奥鎮所に献ず	
七二七	聖武			最初の渤海使来朝 慶雲四年（七〇七）に設置された授刀舎人寮、中衛府に昇格

七三四		（この頃、福信内裏に聞こえ内竪所につかえる）	
七三七			天然痘流行、藤原武智麻呂、房前、宇合、麻呂四兄弟死去
七三八		福信外従五位下（三〇歳）	
七四一			国分寺建立の詔
七四三		福信従五位上、正五位下、春宮亮（三五歳）	
七四七		福信、大山、広山等八人背奈王姓を賜わる	国分寺造営督促の詔
七四八		福信正五位上（四〇歳） 高麗王若光没	
七四九	孝謙	福信従四位下、中衛少将兼紫微少弼（四一歳） 従四位上	陸奥守百済敬福、任国産の黄金を大仏の鍍金用に献ず
七五〇		福信、石麻呂、大山、広山等六人高麗朝臣の姓を賜わる、福信、兼美濃員外介	
七五一		福信、兼山背守（四三歳）	
七五六		福信、聖武大葬の山作司一度目の武蔵守兼務（四八歳）	聖武太上天皇崩御 使を七道諸国に遣わし国分寺丈六仏を催検

七五七		福信正四位下（四九歳）		授刀舎人定員を四百人とし、中衛府の管理下に移す 藤原仲麻呂、橘奈良麻呂を失脚に追い込む
七五八	淳仁		武蔵国新羅郡新設	藤原仲麻呂、太保の位と恵美押勝の名を賜わる
七五九			各国の浮浪者二千人雄勝に移住坂東七カ国より武器を雄勝、桃生に送る 武蔵国の隠田九百町歩勘検さる	授刀舎人寮、中衛府から独立、授刀衛となる
七六〇		福信、信部大輔内匠頭に転ず 一度目の武蔵守兼務解任（五二歳）		光明皇太后崩御
七六一			武蔵・美濃の少年二〇人に新羅語を学ばす	
七六三		福信、但馬守（五五歳）		
七六四	称徳		物部広成、丈部不破麻呂、押勝討伐に活躍	藤原仲麻呂（押勝）反逆し誅伐さる
七六五		福信、従三位造宮卿（五七歳）		加墾禁止令、弓削道鏡太政大臣禅師
七六七		福信、法王宮大夫兼務（五九歳）		東院玉殿落成
七六八			武蔵国より白雉献上	
七六九			入間郡の正倉四棟焼失	

七七〇	光仁	福信、称徳天皇葬儀の御装束司	入間郡の大伴部直赤男、私部浜人、同広成、西大寺に莫大な財物を寄進	弓削道鏡失脚
七七一		福信二度目の武蔵守兼務（六二歳）	武蔵国、東山道から東海道に移管	
七七二				加墾禁止令解除
七七三			入間郡司ら備蓄穀物と正倉焼失の罪で解任	楊梅宮完成
七七四		福信二度目の武蔵守兼務解任（六六歳）	藤原浜成武蔵守兼務 員外国司を廃止坂東八国に「陸奥の危急に備えしむ」の勅	
七七五			坂東四国より出羽国に出兵	
七七六		福信、近江守兼務（六八歳）	坂東四国に船五〇を用意させ蝦夷に備う	
七七七			坂東四国と越後国より甲二百を出羽国に送る	
七七八		高麗石麻呂（福信の息子）武蔵介	入間郡の大伴部直赤男、外従五位下追贈	

七七九		福信、大山、高倉朝臣姓を賜わる（七一歳） 福信、武蔵国高倉に私邸を構える		
七八一	桓武	福信、光仁天皇葬儀の山作司	武蔵国他坂東五国穀物一〇万石を陸奥に送る	
七八二		福信、弾正尹兼武蔵守（三度目の武蔵守は三週間で解任）造宮卿解任（七三歳）		氷上川継謀反、造宮省廃止
七八三		福信四度目の武蔵守兼務（七五歳）	坂東諸国の倉を開いて疲労農民を慰労 一般の兵士は弱くなったので、散位、郡司の子弟、浮浪者を兵士に登用	
七八四			入間宿禰（物部）広成、軍監	長岡遷都
七八五		福信辞表提出、御杖と衾を賜わる 福信、高倉の私邸に帰る（七七歳）	宮内卿石川垣守武蔵守兼務	
七八九		福信没（八一歳）	入間宿禰。蝦夷討伐で敗北	

正倉院文書

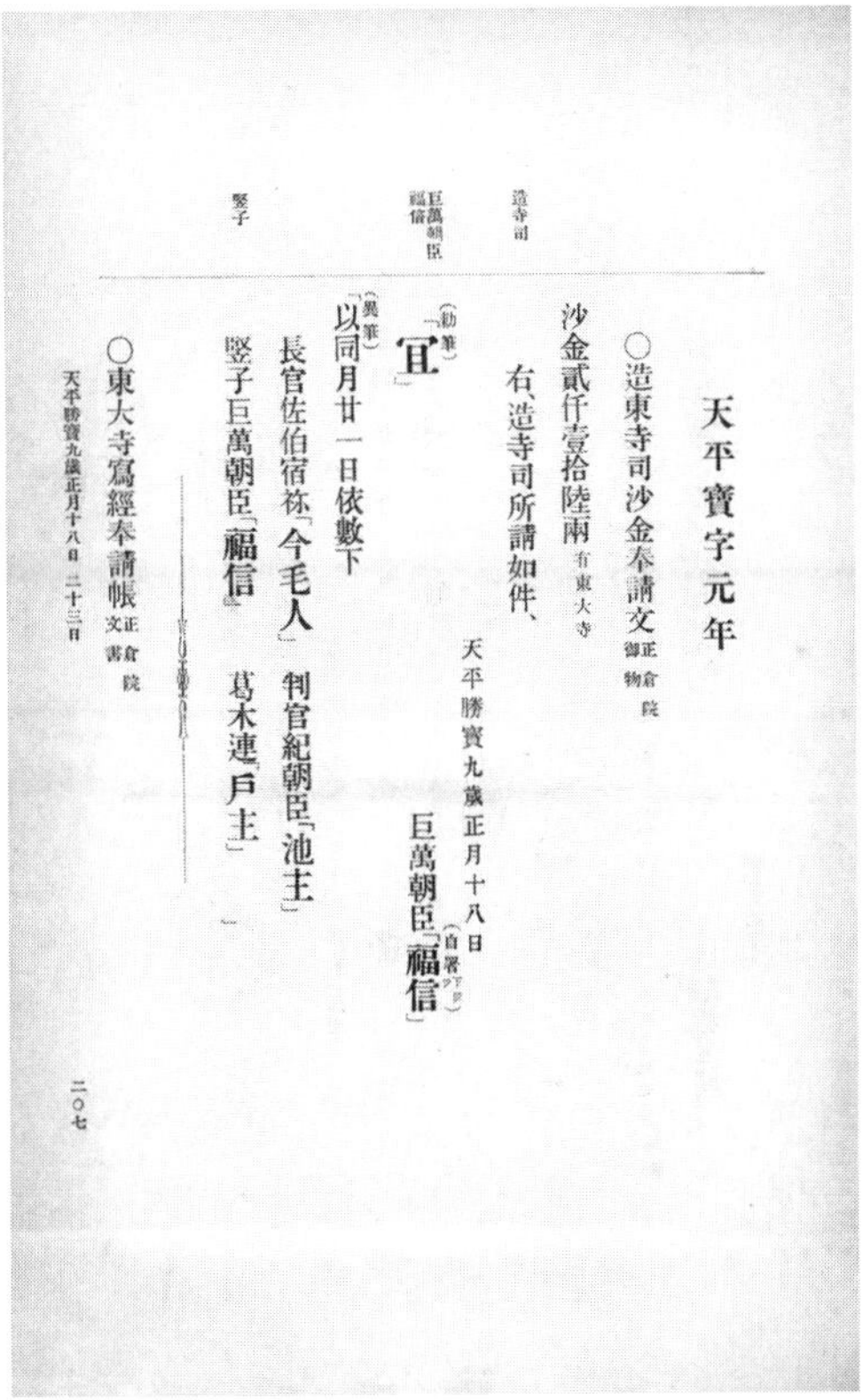
造寺司
巨萬朝臣福信
竪子

天平寶字元年

○造東寺司沙金奉請文（正倉院御物）

沙金貳仟壹拾陸兩（在東大寺）

右、造寺司所請如件、

天平勝寶九歳正月十八日

巨萬朝臣「福信」（自署アリ）

（勅筆）「宜」

（異筆）「以同月廿一日依數下

長官佐伯宿祢「今毛人」　判官紀朝臣「池主」

竪子巨萬朝臣「福信」　葛木連「戸主」」

○東大寺寫經奉請帳（正倉院文書）

天平勝寶九歳正月十八日　二十三日

二〇七

正倉院文書の「福信」の署名（『大日本古文書』
国立国会図書館デジタルコレクション）

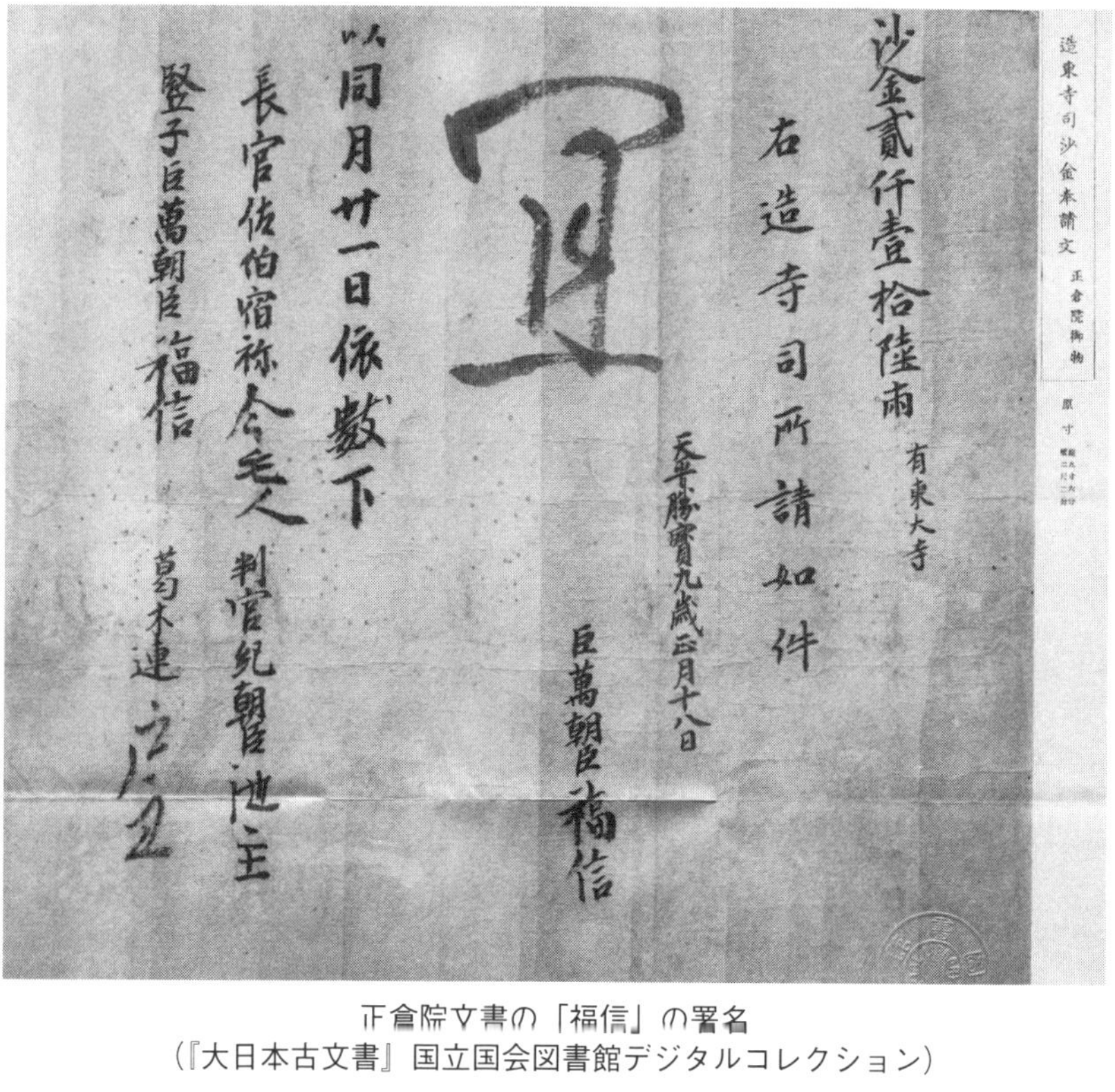
造東寺司沙金奉請文 正倉院御物
原寸

沙金貳仟壹拾陸両 有東大寺
右造寺司所請如件
天平勝寶九歳正月十八日
臣葛朝臣福信
宜
以同月廿一日依數下
長官佐伯宿祢今毛人 判官紀朝臣池主
竪子臣葛朝臣福信 葛木連戸主

正倉院文書の「福信」の署名
（『大日本古文書』国立国会図書館デジタルコレクション）

謝　辞

　今回も本書を著すに当たって、非常に多くの方にお世話になりました。短時間で二作目、しかも、戦国時代からさらに時代を九〇〇年近く遡る本書を書けることになったのも皆様のお蔭でした。ある時は、事前の約束もせずに飛び込ませて頂きましたが、冷遇されることは一度もありませんでした。

　本当に、京都や奈良の皆さんが歴史について深い理解を示され、筆者の無知なるが故の質問にも丁寧に答えて頂き、それだけではなく、新たな情報源についても教示頂けたことも非常に大きな原動力になりました。

　歴史を探訪するとよく分かるのは、現地で得られる情報こそが、理解する上で最も近道であるということです。まさに、当方は教えを乞う、皆さんが「先生」であるということを再確認する旅でもありました。特に、現地のガイドさんは説明も分かりやすく、質問時点では不明でも後刻必ず回答を頂き、それは考えを纏める上で大いに参考にさせて頂きました。

説話や伝承の中に何かがあると思っても、切り捨てるのは簡単ですが、「火の無いところに煙は立たぬ」もあると思います。丹念に調べていくと、新たな事実が洗い出されることが多いというのが、経験的事実でもあります。

今回も、奈良でボランティアガイドをされているベテランの浜口喜弘様には、筆者の無体なリクエストに対しても、情報とデータを即座に整理して的確な方向づけを行って頂きました。あらゆる質問に怯むことなく答えて頂き、本当に感謝です。またスケジュールを調整して頂き、筆者の奈良・京都の探訪にもご協力頂きました。

また、新薬師寺の住職である、中田定観様には白鳳仏をはじめとして様々なご意見を頂き、貴重な情報も頂きました。

最も学術的な情報を持っていらっしゃる、京都府立山城郷土資料館の細川様、伊藤様には、まさに多忙な中で門外漢の筆者の頓珍漢な質問にも忍耐強く、専門家としての見地や文献情報を惜しみなく与えて頂き、最初に筆者が訪れた先としては（自慢話となりますが）大正解でした。あわせて、現地の木津川市立図書館でも資料の検索や情報の提供を受け、遠来の筆者にも温かく接して頂きました、本当に感謝です。

　また、多くの寺社・自治体・研究所からのご支援も頂きました。網羅はできませんが以下の通りです。有難うございました。

◎調布市

・祇園寺

◎狛江市

・市立図書館

・狛江市史編纂室

・教育委員会

◎奈良市

・正暦寺

・新薬師寺

・鏡神社

・奈良文化財研究所文化財情報係

◎京都府

・蟹満寺

・山城郷土資料館
・松尾神社
・木津川市教育委員会
・木津川市立図書館

◎府中市
・市役所市史編さん室
・市立図書館

◎国分寺市
・教育委員会
・文化財愛護ボランティア

◎長崎県対馬市
・対馬市教育委員会
・対馬市観光協会

◎山形県最上郡真室川町
・真室川町教育委員会

おわりに

武蔵国古刹深大寺（現調布市）の歴史について、筆者がガイドをしながら聞きかじった話題に登場していた高麗福信から出発して、武蔵国古刹・深大寺の開基（開創、草創などとも）について、すでに公開された文書『私案抄』に基づき、天平宝字六（七六二）年と比定した。また、ここに安置されている、国宝釈迦如来倚像の足跡についても新たな見解を示した。

今回の検討では京都、奈良、そして朝鮮半島にまで推理の範囲は翔んだ。奈良から京都への電車移動中に車内放送で聞いた「かみこま」によって、この狛氏・高麗氏たち渡来人が仏教を伝来させたと同時に、高度な寺院建築や仏像制作の技術をもたらしたことが、南山城を訪れたことによって明確に判明したと、筆者は考えるに至った。

前著の最後に横浜に解決を求めて、昨年三月二九日に三万歩以上歩いた（『大丸《おおまる》』の読みであった）。

九か月後の今回も、最後に、白鳳仏の薬師如来倚像（重要文化財で秘仏）のある奈良県の正暦寺に赴いた。紅葉で有名とのことで季節には訪れる人も多いようだが、一月下旬に近いこの時期は交通の便も悪く、午前中に一便あるバスで現地に向かった。無料のコミュニティバスに乗り継いで、さらに二キロほど歩いた。正暦寺では副住職の大原さんより丁寧に説明をして頂けたが、この季節に訪れたのが正解だったかもしれない。珍しい像の説明もして頂き、当寺の「薬師如来倚像」の写真の掲載許可も頂き帰路に就いた。帰り道は天候も良くなり定期バスのバス停までは歩いた。副住職からもお話し頂いた通り、菩提山の道に沿った川には、平安時代の治水工事が見事になされていた（古色な山中ではあるが、現代を示す携帯通信のアンテナが見えるのも一興かもしれない）。

すでに述べた通り、この薬師如来倚像も特徴が深大寺の白鳳仏に非常に似ており、蟹満寺とあわせて、当寺の技術の類似性が非常によく見て取れる。また、狛（高麗）氏が制作したと考え、朝鮮半島の祇園信仰における牛頭天王信仰を見れば、牛頭天王の本地が薬師如来であったことから、深大寺にある国宝・白鳳釈迦如来についても薬師如来であった可能性も高い（どちらであるかは本質的な問題ではないが、そもそも初期の釈迦如来像と薬師如来像は非常によく似ており、薬壺が決め手にならなければ、どちらかであると断定できる根拠はほとんどなく、後世の命名にはこだわる必要もなさそうであるか）。

蟠満寺の二トン以上ある釈迦如来像は、最近の研究結果によると、現在の蟠満寺から移動した形跡はないとのことで、この寺のある上狛で制作された可能性が非常に高い。

そうすると、特徴が非常に似ている取り上げた三体の仏像、

①（深大寺）釈迦如来倚像
②（正暦寺）薬師如来倚像
③（蟠満寺）釈迦如来座像

（もちろん、すでに指摘した通り、取り上げなかった類似の仏像は、例えば、山田寺の仏頭など多くあると思われるし、最終段階でも非常によく似た仏像に気付いた）

これらが同一、もしくは非常に近い場所で制作された可能性が高い。③を除き、新たに建立された寺院に移送され安置されていることも、その可能性は非常に高い。すでに述べたように、聖武天皇の国分寺建設、如来像の安置という詔で、当時、仏像制作が技術として定着していなかった地域には、これらの仏像が転用されていったと考えるのも合理的な説明と思われる。

しかし、律令制の崩壊とともに国分寺の維持も困難となり、安置されていた仏像が新たな道を歩んでいったと考えることはそれほど不自然ではなく、貴重だった仏像が数奇な運

命をたどるのも、人々の仏教への信仰からも長い歴史の中では必然とも思われる。

いずれにせよ、仏教への信仰が厚かった高麗・狛人が、仏教とともに高度な寺院建築技術や仏像の制作技術をもたらしたことは疑う余地のない史実であろう。そして歴史のうねりの中、それぞれの仏像がある地から移され、現在地にもたらされたのであろう。彼らは移動可能な重量やサイズの像を選んだと考えられる。

深大寺の国宝釈迦如来倚像も京都南山城の狛氏地域から移住者とともに、（調布市野川沿いの）祇園寺に安置されて、高麗氏と狛氏の関係で国分寺、さらには深大寺へと居場所を変えていったと考えるのが、祇園寺や深大寺開基の歴史を見る限り妥当であろう。これもやはり、深大寺の開基をいつと見るかによって、現在語られている通説から離れて見ることにより生じた結果である。

この中では国分寺建立における、渡来人の末裔であった高麗福信の存在が大きく働いたと考えると、武蔵国南部の高麗、狛氏ネットワークが機能していたのであろうと推測される。このお蔭でもあろうと思われるが、高麗福信は天皇より《高倉》姓を賜っている。真偽のほどは定かではないが、高麗福信は姓を変えることを望んでいたという。

奈良にも今回の著作のために、昨年の一一月以降五回ほど訪れた。深夜バスで京都に行き、その足でJR奈良線で上狛や奈良を訪れた。その日の夕刻には、ほぼ徹夜状態であるために、早々に就寝することが多かった。奈良に宿泊することが多かったが、早朝三時～四時頃に人気のない三条通りを歩くと、かつてはこの通りが春日大社の参道（一部は興福寺参道であることを老舗奈良漬舗の女将さんから教示頂いた）として常夜灯篭が並び、参道沿いには旅籠などが並んでいただろうと想像を巡らすこともあった。現代では、歩く人たちの多くは海外からの旅行者であり、中央は自動車も往来する通りとなっており、往時を偲ぶことが難しくなってきている。

他にも古の風情を残すところは非常に少なくなってきているが、貴重な南山城の風景は、古代の渡来人たちの活躍を静かに包み込む雰囲気がある。今後、この地の歴史的評価がなされれば、見直される地域であることは間違いなさそうである。これは、初めて訪れた東京都国分寺市の武蔵国・国分寺跡も全く同様であり、近くに住んでいる筆者もいささか恥ずかしい思いをしたものだった。

最後に執筆を終える前にと思い、隣の町である「狛江市」に赴き、図書館を訪ねて、狛氏の痕跡を求めようとした。ここでも、どこの街でも同じであるが『狛江市史』を見た。そしてやはり、この書の中に二つの発見があった。それは、

（1）武蔵国分寺の発掘現場から、「狛」と書かれた軒瓦が見つかっているとのことである（付録一三九〜一四二頁）。

（2）深大寺国宝釈迦如来倚像について

『狛江市史』二〇六頁「第二節　狛江郷と渡来人」において記述（2）がある。

（1）については、当時の狛江郷が何らかの（国分寺建設と）関わりを持っていた証でもあろう。もちろんこれだけで、調布市・狛江市に住む狛氏の一族がどの程度国分寺建設に関与していたかを明確に語れないのも事実ではあるが……。一方、現在の埼玉県にある高麗で制作したとみられる瓦には、『高』の文字が記されている。

なお、前に述べたように、筆者は本年二月八日に狛江市を訪れ、この瓦の写真を見つけた。そこで翌日に、武蔵国分寺跡にある武蔵国分寺跡資料館を訪問し、これらの発掘された瓦を探したが、展示にはなく、尋ねたものの行方は分からずじまいであった。何やらミステリーな……。

（2）では、「深大寺で有名なのは白鳳仏である。（中略）この白鳳仏は深大寺の創建以前で伝来は不明で、佐須の祇園寺にあったとも伝えられている」とある。
この記述をこれまでの検討と重ね合わせると、まさに《火の無いところに煙は立たない》だろう、ということである。

やはり、伝承を否定するのは容易であるが、これも取り込める推理こそ、より合理的であろうと考えられるし、確固たる根拠なしに否定されるのは正しい態度とは言えないであろう。さもなければ千年以上も伝承され続けないであろうし……。


ここで、以前にも指摘しているが、武蔵の北部に近い方では『高麗氏』と書き、南部の調布市・狛江市では『狛氏』となっているのには何らかの意味があったのだろうか。

この稿を書き始めた頃より、実は【佐須】という地名・地域名に興味があった。知り合いの韓国の方に調べて頂いたりしたが、特に手掛かりは得られなかった。よくやる手で、インターネットでこの名を調べると、唯一、『佐須奈』（長崎県対馬）という地名がヒットした。似ているとは思いながらも、じゃあ、『奈』に意味があるかもしれないと思い、とにかく、インターネットに出ていた現地の対馬観光協会に電話をかけてみた。こちらの話を少しさせて頂いた後に、「そういうお話であれば対馬市教育委員会に問かれる方がいいですよ」とのアドバイスを頂いた。電話番号を教えて頂き、早速、電話をかけて状況を簡単に説明した。すると、「佐須という地名はあります。対馬の南半分にあり、由来については資料をお送りします」ということでFAXで送って頂いた。

このFAXから新たな展開が生じたのであった。この佐須というのは、古代の朝鮮語で〝城のある地域〟を示すという説があるというのである。この情報から、もう一度、調布市にある佐須の昭和の地図（八五頁）を見ると、まさに、そこに、古来『城山』と呼んでいる場所があったのである。この場所は、前著で取り上げた、定説『深大寺城址』と呼ぶ場所である。前著では、この城址と呼ぶ場所が「戦国時代（天文六年）に扇谷上杉氏が取り立てた古城ではない」ことを立証させて頂いた。

ただし、ではこの城址らしきものが何であったか、については全く述べなかった。

この二作目で狙ったわけでは全くなかったが、どうやら「古代（七～八世紀）に狛氏が築いた地域の砦・館跡」と考えられるということが判明した。すでに述べているように、この城址と呼んでいるものが、深大寺の関連記録などには全く現れず、また、戦国時代に築いた戦用の城址・砦とは考えられないことから、「古代に狛氏により築かれた後に、変遷を経て現在の姿になったのだろう」という推定が最も合理的であろうと思われる。一部には、この地域の有力氏族であった《金子氏》が居を構えていた、との伝承もあるが定かではない。

以上、思わぬ形で前作の問題提起を本書にて完結することができた。

まさに、「叩けよさらば開かれん」との思いである。対馬市教育委員会の方には親切かつ迅速に対応して頂き、本書の原稿に間に合った。いつもながら走りながら書いているという危うさであるが、成果が出れば「まあいいか」でもある。

以上を要約すると、

①渡来人狛氏による南山城（京都府木津川市）から武蔵国への仏教伝来
②狛氏による氏寺（祇園寺）建立と仏像（国宝白鳳仏）の移送
③深大寺の開（草）創年代についての新たな見地（淳仁天皇の勅願所）
④渡来人系高麗福信の大和朝廷における活躍と（聖武天皇国分寺建立の詔と）武蔵国国分寺建立の加速
⑤武蔵国国分寺完成と高麗・狛人の参画

⑥狛氏の移送した白鳳仏が武蔵国分寺に祀られた
⑦奈良時代の律令制の崩壊に伴い、（武蔵国国分寺から）白鳳仏が深大寺に祀られるという大きな流れを説明できること。さらに、
⑧武蔵国南部（調布市付近）における佐須地域の開発と（現在、深大寺城址と呼ばれている、古来「城山」と呼ばれる）、砦・館跡（？）の建造

と、前著から欠損したジグソー・パズルの最後の一ピースが埋められた。

前著出版から一年と経たなかったが、本書でも一定の結論、及び、前作で触れることができなかった点についても新たな見地を得るという副産物も得た。

前作であまり深く考えはしなかったが、【ジンダイジ城】がいつ、何のために造られたかについて、ぼんやりとした疑問に今回、明解な解を得るに至った。

地元の歴史から出発して、これが展開していった様は筆者にも驚きであったが、丹念に調べていくと、それなりに過去の歴史を紐解くことができる、ということを前著に続いて感じた。

地方史には、まだまだ解明できる多くの謎・ミステリーもあると思います。結構チャレ

ンジしがいのあるものだと思います。

最後に、今回の稿を終えるに当たり、筆者の思いが残るのは、「高麗、狛の地域による使い分け」があったのではないかということです。国分寺跡で発掘された瓦も二種（高麗と狛）あります。


この稿の編集最初の時点で、もう一つ気になる点を見つけた。それは千葉県印旛郡栄町にある龍角寺についてである。この寺院には、関東最古級の白鳳仏（薬師如来像・白鳳時代の姿を残しているのは頭部だけである）があることはすでに述べた。千葉県全県図を購入して少しワイドに眺めると、この寺院近くに成田山新勝寺があるが、ここには古来、祇園信仰が残されている（古来の姿からは変遷しているという）。この寺院も利根川の流れに沿った場所でもある（この地域には龍角寺古墳群があり、発掘されたものも興味深い）。さらに上流には、まさに『柏』市がある。何やら暗示めいたものを感じるが、ここまで紐解くには本書完成までの時間では短すぎる。またのテーマとしたい。

前作に引き続いて、皆さんのご批判も含め、ご意見が頂ければ幸いです。

さらに進めた解明作業も進めたいと思いつつ筆を擱《お》きます。

と、筆を擱いた直後、筆者の大学院恩師（その道の最高の国際賞も授与された方）から書き物を頂いた。移動自粛中に詠まれた川柳が多く記されていた。千数百年彷徨った仏像達と出会った、老齢の我が身を映す次の一句で本書を締め括ります。

すれ違う似た足取りの徘徊老

追記

前著で大変お世話になり、ある意味、現在のように出版するきっかけとなった深大寺の第八八世住職　張堂完俊様のご逝去の報に接した。多大なるご教示を賜りましたことに深く感謝するとともに、心からご冥福をお祈り申し上げます。

参考文献

『渡来人・高麗福信　天平の武蔵野』相曽元彦　明石書店　一九九二年
『多摩の歴史をさぐる』大久保清次　五輪社　一九七二年
『京都を学ぶ【南山城編】』京都学研究会 編　ナカニシヤ出版　二〇一九年
『ふるさと椿井の歴史』椿井区創設一〇〇年記念誌　一九九四年
『日本古代の豪族と渡来人―文献史料から読み解く古代日本―』
加藤謙吉　雄山閣　二〇一八年
『皇子たちの悲劇　皇位継承の日本古代史』倉本一宏著　角川選書　二〇二〇年
『奈良名所むかし案内　絵とき「都名所図会」』本渡章　創元社　二〇〇七年
『京都　傑作美仏大全』枻出版社　二〇一八年
『香薬師像の右手　失われたみほとけの行方』貴田正子　講談社　二〇一六年
『天智朝と東アジア　唐の支配から律令国家へ』中村修也　ＮＨＫブックス　二〇一五年
『古代史の鍵・対馬　日本と朝鮮を結ぶ島』永留久恵　大和書房　一九七五年
『京都の歴史を足元からさぐる「宇治・筒木・相楽の巻」』森浩一　学生社　二〇〇九年

『湧水探訪　深大寺』若林高子　創林社　一九九六年

なお、筆者がまとめた地元古刹に関わる情報は、先の地元図書館にて閲覧できます。
「城跡の広がり・おおまる〈大丸〉と、なかまる〈中丸〉―神奈川・東京における中世戦国時代城跡について―」二〇一九年三月
「深大寺　―飛鳥・天平から戦国へ　12のミステリー―」（第二版）二〇一九年四月
「深大寺12のミステリー　天台宗と最澄　宗旨替えの謎解き　二（調布ミステリシリーズ三）」二〇一九年八月
「布多天神社のミステリー　―嘉永灯篭の謎　神紋の謎　そして仏か神か―（調布ミステリシリーズ　二）」二〇一九年八月

著者プロフィール

津田 慎一（つだ しんいち）

1949年、徳島県生まれ
東京大学大学院博士課程修了　工学博士（航空宇宙工学専攻）
メーカーにて宇宙開発に従事後、東海大学工学部教授
東京都在住
観光ガイド
関東戦国時代に関する著作、古社・古刹に関する著作を調布市及び横浜市市立図書館にて公開中
既刊書に『武蔵戦国記　後北条と扇谷上杉の戦い　なぜ「ジンダイジ城」は捨てられたのか』（2019年　文芸社刊）がある

白鳳仏ミステリー　武蔵国分寺と渡来人
「ジンダイジ城」とは何だったのか？

2020年9月15日　初版第1刷発行

著　者　津田 慎一
発行者　瓜谷 綱延
発行所　株式会社文芸社
〒160-0022　東京都新宿区新宿1－10－1
電話　03-5369-3060（代表）
03-5369-2299（販売）

印刷所　株式会社フクイン

ISBN978-4-286-21882-3